GÜTERSLOHER
VERLAGSHAUS

RITA KUSCH

Es glockt schon

VORLESEGESCHICHTEN FÜR DIE GEMEINDE

GÜTERSLOHER VERLAGSHAUS

Bibliografische Information der Deutschen Nationalbibliothek
Die Deutsche Nationalbibliothek verzeichnet diese Publikation in der Deutschen Nationalbibliografie; detaillierte bibliografische Daten sind im Internet über https://portal.dnb.de abrufbar.

FSC
www.fsc.org
MIX
Papier aus verantwortungsvollen Quellen
FSC® C014889

Verlagsgruppe Random House FSC® N001967.
Das für dieses Buch verwendete FSC-zertifizierte Papier *EOS* liefert Salzer Papier, St. Pölten, Austria.

1. Auflage

Umschlagmotiv: © Paul A. Souders/CORBIS
Druck und Einband: Friedrich Pustet GmbH & Co. KG, Regensburg
Printed in Germany
ISBN 978-3-579-06193-1

www.gtvh.de

Inhalt

VORLESEZEIT CA.

Vorwort

In diesen Geschichten zum Vorlesen und zum Selberlesen erzähle ich Ihnen kleine Erlebnisse einer Diakonin und Pfarrfrau aus der norddeutschen Tiefebene. Manche sind lustig, manche machen nachdenklich, manche sind kurz und manche etwas länger (die Angabe der Vorlesezeit dient Ihnen dabei als eine erste Orientierung). Ich schildere aktuelle Erlebnisse, blicke aber auch zurück auf Ereignisse und Erinnerungen aus der Kindheit.

Zum Vorlesen in einem Gemeindekreis

Wenn die Geschichten beispielsweise in einer Seniorenrunde, einem Frauenkreis oder einem anderen Gemeindekreis vorgelesen werden, bietet es sich im Anschluss an die vorgelesene Geschichte häufig an, die Zuhörenden nach ähnlichen Erlebnissen oder Eindrücken zu fragen und miteinander in einen Austausch darüber zu treten. Darum schlage ich Ihnen jeweils am Ende der Geschichten in kurzen Stichworten vor, mit welcher Fragestellung, mit welchen Impulsen Sie das Gespräch fördern könnten. Nach meiner Erfahrung wird es aber oft so sein, dass die Zuhörerinnen und Zuhörer von ganz allein mit dem Erzählen beginnen, weil sie sich an ähnliche Erlebnisse erinnern und gerne von diesen erzählen. Lassen Sie die Zuhörenden entscheiden, wie lange sie erzählen möchten. Die Dauer der Gespräche sollte aber auch davon abhängig sein, ob die Mehrheit der Gruppe noch am Gespräch beteiligt ist.

Dort, wo es wegen der Akustik des Raumes schwierig ist, die einzelnen Erzähler und Erzählerinnen gut zu verstehen, denken Sie über die Nutzung entsprechender Technik nach. Meiner Erfahrung nach ist die Technik in solchen Situationen aber oftmals eher hinderlich, weil sich dann viele der älteren Menschen nicht trauen, etwas zu erzählen. Wenn die Beiträge zu leise waren, fassen Sie als Leiterin oder Leiter die wesentlichen Inhalte noch einmal zusammen. Das ist eine gute und einfache Möglichkeit, auch ohne technische Hilfsmittel die ganze Gruppe an den Äußerungen Einzelner teilhaben zu lassen.

Einige Tipps zum Vorlesen

Vorlesen ist eine Kunst. Lesen Sie die Geschichten immer zuerst selbst, denn nur wenn Ihnen eine Geschichte gefällt und Sie sie gut kennen, können Sie sie auch gut vorlesen. Spielen Sie mit Ihrer Stimme, indem Sie die vorkommende wörtliche Rede hervorheben, sodass die Zuhörer diese Passagen gut mitverfolgen können. Arbeiten Sie die Pointen gut heraus und warten Sie immer ab, bis wieder Ruhe eingekehrt ist, wenn die Zuhörerinnen und Zuhörer an einer Stelle geschmunzelt oder gelacht haben.

Die Lautstärke der Stimme ist natürlich wichtig, ebenso wichtig ist es aber, sehr deutlich zu sprechen. Wenn Sie in mittlerer Lautstärke lesen, können Sie auch die Lautstärke noch einmal nutzen, um Farbe und Nachdruck in das Gehörte zu bringen. Scheuen Sie sich beim Vorlesen nicht, mit dem Finger im Buch an den Zeilen entlangzufahren, damit Sie immer genau wissen, wo Sie sind. Nur so können Sie den Spannungsbogen aufrechterhalten.

Schauen Sie gelegentlich vom Buch hoch und suchen Sie immer mal wieder den Blickkontakt zu den Menschen, denen Sie vorlesen. Achten Sie darauf, alle Zuhörerinnen und Zuhörer dabei anzusehen. So können Sie beobachten, ob alle mitgehen, ob das Tempo angemessen und die Aufnahmebereitschaft noch vorhanden ist.

Wenn Sie schon mehr Übung im Vorlesen haben, können Sie einige Passagen auch mit kleinen Gesten intensivieren. Um nicht zu schnell zu lesen und damit die Zuhörenden zu überfordern, empfiehlt es sich für noch eher ungeübte Vorlesende, in Gedanken die Satzzeichen mitzusprechen. Das führt dazu, dass die Pausen besser gesetzt werden.

Wenn Ihnen Fremdwörter oder zu sehr regional geprägte Ausdrücke begegnen, übersetzen Sie diese so, dass Ihre Zuhörerinnen und Zuhörer alles problemlos mitverfolgen können.

Und nun wünsche ich Ihnen viel Spaß beim Lesen und Vorlesen der Geschichten!

Praktische Theologie

Am 1. Advent haben wir in unserer Gemeinde immer ein besonderes Projekt. Kindergottesdienst und Gottesdienst für die Erwachsenen beginnen gemeinsam in der Kirche. Schon vor dem ersten Lied darf ich als Mitarbeiterin im Kindergottesdienst die Gemeinde »auf Kittelschürze« begrüßen und mich auch gleich wieder von ihr verabschieden, denn bereits beim ersten Lied ziehe ich, ein wenig wie der Rattenfänger von Hameln, mit den Kindern wieder aus der Kirche aus, weil wir uns in einer Art praktischer Theologie mit dem Backen von Plätzchen für uns und für die Gottesdienstbesucher vergnügen wollen. Bei der Kittelschürze ist die Gemeinde einigermaßen irritiert, aber das nur im ersten Jahr, denn dann kennen sie es schon. Und wie wichtig die Schürze ist, wird man im Laufe der Geschichte schon noch hören.

Die Konfirmanden, die sich zu der unchristlichen Stunde aus dem Bett gequält haben, dürfen selbst entscheiden, ob sie klein oder groß sind. Erstaunlich viele entscheiden sich für »klein« und ziehen das Backen von Keksen dem Lauschen der Predigt vor. Da mein Mann und persönlicher Hirte der Prediger ist, habe ich beim Mittagessen in der häuslichen Idylle sicherlich auch noch die Aufgabe, ihn darüber hinwegzutrösten, dass meine praktische Theologie so viel mehr zog als seine sorgfältig ausgearbeitete Predigt.

Schon zu früher Stunde habe ich Teig aus 5 kg Mehl zubereitet. Bereits nach drei Portionen streikt die Küchenmaschine. Offensichtlich ist sie inzwischen der Gewerkschaft beigetreten, die gegen Sonntagsarbeit ist. Zum Glück überdenkt sie die Entscheidung aber doch noch einmal und funktioniert wieder. Die ehemals rote Schürze ist mittlerweile schon rosa wegen des vielen Mehls.

Mit den Backbegeisterten im Gemeindehaus angekommen, folgt gleich die erste Entrüstung der Backmannschaft, als alle sich vor der Aktion die Hände waschen sollen. Schließlich haben sie das heute ja schon einmal getan! Aber nun gut, sie folgen meiner Bitte.

Nun werden die Teigklumpen ausgerollt und die Formen zum Ausstechen verteilt. In der Küche glüht bereits der Backofen, und unzählige Bleche stehen bereit, um die Ergebnisse des Ausstechens aufzunehmen.

An einem Tisch haben vier Jungen aus der Konfirmandengruppe ein Backteam gebildet, das sich schnell als Krisenherd der Veranstaltung entpuppt. Henri bewirft Lukas mit Teig. Dummerweise habe ich das gesehen und bitte die Truppe zum Gespräch. Ich bitte um Respekt vor den Nahrungsmitteln und weise auf die Not vieler Menschen in anderen Teilen der Erde hin. Die Vierermannschaft schaut mich gelangweilt an. Ich sehe hinter ihrer Stirn, dass sie denken: »Red du man!« Dennoch geloben sie Besserung.

Am Nebentisch haben drei kleine Jungen aus dem Kindergottesdienst in liebevoller Kleinarbeit das Emblem ihrer liebsten Fußballmannschaft mit Schokostreuseln auf die Kekse gepuzzelt. So gibt es nun Schalke-Kekse, Werder-Kekse, Bayern-München-Kekse und HSV-Kekse. Was allerdings passiert, wenn David einen Bayern-Keks essen muss, mag ich mir nicht ausdenken. Oder Linus verspeist genüsslich einen Werder-Keks, um David damit zu signalisieren, dass die Bayern Werder beim nächsten Spiel genauso genüsslich verputzen werden. Auch nicht gerade adventlich, aber wir lassen ihnen die Freude.

Vorsichtshalber kehre ich noch einmal zu dem Krisentisch der Konfirmandengruppe zurück und staune nicht schlecht, als ich sehe, wie Malte-Jan aus seiner Hosentasche eine eigene Ausstechform zückt. Vielleicht habe ich den Jungs doch unrecht getan? Sie sind ja offensichtlich sogar auf die Aktion vorbereitet. Doch die Freude über die Kooperation währt nicht lange, denn ich sehe, dass es eine Form ist, mit der man sonst Hundekuchen backt. Sie sieht aus wie ein Knochen. Also lade ich wieder zum Gespräch und bitte darum, mir entweder zu erklären, was der Knochen mit dem Advent zu tun hat, oder ihn bis zum Ende der Aktion in der Hosentasche verschwinden zu lassen. Die Erklärung ist arg holprig, also verschwindet die Form. Offenbar ist die Rede von der Fleischwerdung Gottes mit der Geburt Jesu zu Weihnachten bei den

Konfirmanden nicht in der Weise angekommen, dass sie dies als kreative Ausrede für einen Knochen als Ausstechförmchen beim Weihnachtsplätzchenbacken vorzubringen wüssten. Da wäre ich dann sicher sehr erstaunt gewesen und hätte meinen persönlichen Hirten beim Mittagessen für seinen erfolgreichen Konfirmandenunterricht loben können.

Eleonore hat sich inzwischen so sehr mit Mehl eingestäubt, dass ihr vormals schwarzer Pullover weiß ist. Das geht wieder raus und wird keinen Ärger geben. Auch meine Schürze ist weiß.

Auf den Backblechen türmen sich dicke und dünne Kekse, liebevoll dekorierte und einfach unter vielen Schokostreuseln begrabene. Eifrig flitzen die Kinder zwischen Küche und Gemeindesaal hin und her. Der Duft der frischgebackenen Plätzchen beflügelt ihre Schritte sichtbar.

Meine vier Freunde haben inzwischen einen neuen Versuch mit einer eigenen Ausstechform getätigt. Dummerweise gefällt er mir schon wieder nicht. Ich bin aber auch zu kleinlich. Dieses Mal ist es eine Totenkopfform, die wirklich gruselig aussieht. Lukas hat sie noch vom Backen für Halloween. Ich sehe schon das Gesicht der alten Frau Lehmann aus dem Gebetskreis, die nach dem Gottesdienst zusammen mit den anderen Kirchgängern ins Gemeindehaus kommt und die beim Kirchentee ausgerechnet diesen Totenkopfkeks bekommt. Sie wird sich darin bestätigt sehen, dass der Konfirmandenunterricht auch nicht mehr das ist, was er in ihrer Jugend war. Also nehme ich alle so geformten Weihnachtsplätzchen mit einer entschlossenen Geste in die Hand und knete aus ihnen ein neues Teigstück. Meine vier Freunde murren, allerdings nur leise, denn irgendwie hatten sie es sich schon gedacht, dass ich wieder etwas zu meckern haben würde.

Erleichtert schieben wir das letzte Blech in den Ofen, decken die Tische für die Besucher und freuen uns über das sichtbare, schmeckbare und riechbare Ergebnis unseres Vormittags. Praktische Theologie eben. Und mit uns freuen sich die Gottesdienstbesucher, denn die frischen Kekse sind wirklich lecker. Sogar Lukas freut sich, vor allem wohl auch, weil er trotz der mehrfachen Entgleisungen für die Aktion einen Stempel in seine Gottesdienstkarte bekommt. Meine Schürze ist übrigens komplett weiß. Aber bei uns zu Hause ist mein Mann für die Wäsche zuständig. Das soll also nicht meine Sorge sein.

Am Ausgang dreht sich Lukas noch einmal um und sagt zu mir: »War echt cool hier!« – Komisch, mir war eher heiß.

VORLESEZEIT: ca. 10 Minuten

ERZÄHLIMPULSE: Besondere Veranstaltungen in der Gemeinde, Adventsbäckerei mit Kindern und Jugendlichen

Geburtstagsritual

Meine Eltern hatten sich in der Wartezeit auf mich eine Rita mit Zöpfen gewünscht. Ich bin wunschgemäß ein Mädchen geworden. Auf die Zöpfe mussten sie noch etwas warten. Und das mit dem Namen hatten sie ja selber im Griff.

Wenn man irgendwann geboren wird, dann hat man an diesem Tag auch jedes Jahr Geburtstag. Und jedes Jahr an meinem Geburtstag gibt es ein immer wiederkehrendes Ritual, auf das wir im Kreise der Familie immer schon warten. Manchmal dauert es etwas, bis es kommt, aber es kommt verlässlich. Meine Mutter erzählt von dem Tag meiner Geburt und den Begleitumständen. Man muss dazu wissen, dass ich eine Hausgeburt war, weil meine Großtante Hebamme war und es sozusagen Familientradition war, dass sie alle Babys auf die Welt holte. Meine Eltern wohnten damals in einer kleinen Bauernkate im ersten Stock, in der es noch keine Heizung und kein fließendes Wasser gab. Das war Ende der 50er-Jahre gar nichts Ungewöhnliches. Hier sollte ich also geboren werden. Keine Angst, es kommt keine Geschichte von schrecklichen Wehen oder Komplikationen, es geht eher meteorologisch zu.

Die verschiedenen Familienmitglieder schauen sich bei jeder Geburtstagsfeier immer mal wieder an. Es wird auch schon mal gekichert, denn ungeduldig warten wir auf den Beginn des Rituals.

Manchmal droht meine Mutter sogar damit, dieses Jahr werde sie es nicht erzählen, aber sie tut es doch, alle Jahre wieder. Vielleicht in einer Gesprächspause, vielleicht beim Kaffeetrinken, vielleicht auch kurz vor Ende der kleinen Feier geht es dann los.

Sie fängt an und erzählt, dass es am Tage meiner Geburt minus 18 Grad waren. Diese Temperaturangabe ist in jedem Jahr konstant. Sie verändert sich nicht. Und weil es keinen Ofen im Schlafzimmer gab, glitzerte das Eis an den Wänden der Schlafstube. Dieses Eis wird allerdings jedes Jahr etwas dicker. Beim Ausatmen sah man kleine weiße Wölkchen. Auch diese Wölkchen werden jedes Jahr größer. Dann hat mein Vater Kartoffeln kochen und Frikadellen braten sollen. Unterstützung hatte er dabei einzig und allein von den Anweisungen aus dem Zimmer der Wöchnerin. Weil er aber immer mal wieder nach den beiden, vor allem nach seiner kleinen Tochter schauen musste, vielleicht auch schon einen Cognac vor Freude getrunken hatte, sind die Frikadellen angebrannt und die Kartoffeln viel zu weich geworden. Die Färbung der Frikadellen variiert in jedem Jahr von dunkelbraun bis schwarz und die Konsistenz der Kartoffeln von Brei bis ungenießbar. Wenn meine Mutter in guter Form ist, landen die Kartoffeln in der Erzählung auch schon mal im Ausguss.

Bei den Kartoffeln ist das Landen im Ausguss ja nicht so schlimm, für die Geschichte fände ich es schade. Aber das kann ja nun nicht mehr passieren, denn nun ist sie endlich aufgeschrieben worden und kann hinaus in die Welt.

VORLESEZEIT: ca. 4 Minuten

ERZÄHLIMPULSE: Erlebnisse um den eigenen Geburtstag, besondere Wetterverhältnisse an besonderen Tagen Ihres Lebens, Rituale rund um den Geburtstag, Erinnerungen an die Geburt der Kinder oder Enkelkinder

König mit Streifen

So um den 6. Januar herum kommen zu uns immer die Sternsinger. Jungen und Mädchen etwa im Grundschulalter haben sich mithilfe alter Gardinen, gebastelter Kronen und etlichem Geglitzer in Könige verwandelt, die nun von Haus zu Haus ziehen und den Menschen den Segen Gottes an die Haustüren schreiben.

Und einer von ihnen wird immer mit Farbe ganz schwarz angemalt. Er ist der schwarze König, der nun den ganzen Tag nicht über sein Gesicht wischen darf, weil sonst die schwarze Farbe verschmiert und das Gesamtbild der Verkleidung arg gestört ist.

Die Kinder sind bei ihren Auftritten immer sehr aufgeregt. Ihre Texte zum Singen und Sprechen haben sie heimlich auf die Sterne geklebt, die sie wie Trophäen vor sich hertragen. Außerdem müssen sie ja nicht nur singen, sondern auch schon mal vorsichtig und möglichst unauffällig um die Ecke schauen, ob der Hausherr zusätzlich zu der erbetenen Spende für Kinder in Not auch wohl einige Süßigkeiten für die Segensmannschaft bereithält.

Im letzten Jahr war die Aufregung noch ein wenig größer als in den Jahren davor. Besonders der schwarze König trippelte unruhig auf seinen Beinen hin und her. Sogar eine Liedzeile hat er vergessen mitzusingen. Hilfesuchend blickte er sich mehrmals zu dem Erwachsenen um, der die Kinder mit dem Auto immer eine Station weiterfuhr. Und auf einmal gab es kein Halten mehr. »Ich muss!«, flüsterte er, und schon flossen dabei die Tränen aus seinen Augen. Im Herunterfließen hinterließen die Tränen natürlich Streifen auf seinem Gesicht. Aber als ordentlicher Segensempfänger darf man da natürlich nicht lachen.

Er durfte unser »Örtchen« benutzen, und mit einem Klecks Farbe aus meinem Schminkkasten war auch das Problem mit den Streifen schnell wieder behoben. So konnte die kleine Gruppe weiterziehen und noch weiteren Häusern den Segen bringen. Das Zeichen dazu sieht ja bekanntlich so aus: 20*C+M+B*15. Und Sie, liebe Leserin und lieber Leser, denken wahrscheinlich wie 99 Prozent aller Menschen, das hieße Caspar, Melchior und Baltasar. Heißt es aber nicht! Es heißt Christus mansionem benedicat. Christus segne dieses Haus. Und das möge er nun bitte auch tun!

VORLESEZEIT: ca. 3 Minuten

ERZÄHLIMPULSE: Eigene Erfahrungen mit Sternsingern, eigenes Mitlaufen bei den Sternsingern, besonders dringende Besuche des Örtchens, Verkleidungen

Die Grenze folgte ihm bis zur Grenze

Zwischen zwei Ländern aufzuwachsen muss einen wohl das ganze Leben lang prägen. Nicht wissen, wohin man wirklich gehört, wo man Schutz findet, wer einem nahe ist, in welcher Sprache man träumen soll. Es kann zu einer Zerrissenheit im Leben führen, die bis tief in die Seele hinein reicht. Mein Großvater war so jemand mit einer zerrissenen Seele, einer Grenze um sich und in sich. Er lebte nicht nur an der Grenze; sein Nachname war das russische Wort für Grenze, Zaun, Umfassung. Ochwat – die Grenze. Sie ging durch seine Kindheit, seinen Glauben, durch seine Seele und durch sein Herz.

So war er von Anfang an ein Grenzmensch, aufgewachsen im Grenzgebiet zwischen Polen und Deutschland. Auf dem Schulhof und mit den Freunden hat er Polnisch gesprochen, in der Schule und mit den Eltern Deutsch. Natürlich habe ich ihn nicht gekannt, als er ein kleiner Junge war. Aber er muss ernst gewesen sein, still und eher ängstlich. Die fehlende Sicherheit in der Sprache und der Zugehörigkeit hat ihm arg zugesetzt. Große Hände hatte er, so, als ob es das Beste sei, sich nur auf die eigene Kraft zu verlassen, wenn alles andere so unsicher und wechselhaft ist.

Viel wurde ihm zugemutet, dort an der Grenze. Schon als Junge harte Arbeit, die Mutter hat sich zum Sterben hingelegt. Der Vater ist aus Kummer gleich mitgestorben. Es war wohl einfacher, aufzugeben, als weiterzuleben. Der Krieg hat die Grenze verschoben und der Junge hat sich auf den Weg gemacht hinaus in die Welt, um an seine Grenzen zu kommen, sich auszuprobieren. Besitz und Sicherheiten kannte er wenig dort an der Grenze. Nur seine Hände hatte er, groß und zupackend. Seine Hände und die Gottesmutter Maria. Einen Brief an sie hatte die Mutter ihm auf dem Sterbebett diktiert. Ihn trug er immer bei sich, diesseits und jenseits der Grenzen, die ihm begegneten. Ein klein zusammengefalteter Brief mit verblichener Tinte als Schutz vor einer Welt voll Grenzen.

Im neuen Grenzgebiet zwischen Polen und Deutschland fand er wieder einen Platz. Dazu auch eine Frau und mit ihr eine Familie. An der Grenze gab es den Bergbau. Jeden Morgen fuhr er von Neuem unter Tage, um die Grenze zwischen Tag und Nacht zu durchbrechen. Sie brachte Geld und einigen Wohlstand, diese Grenze, aber als der Krieg ihnen auch dorthin folgte, war wieder alles verloren.

Kriege bedrohen immer die Grenzen, die im Inneren des Menschen und die der Länder. Im Krieg sind die Grenzen besonders gefährliches Gebiet, denn der Krieg stößt bis an die Grenzen der Menschlichkeit vor. Männer und Frauen erleben diese Grenzziehung je an ihrem Ort, in ihrem Alltag.

Mein Großvater musste seine Grenzstadt verlassen, sich aufmachen an die Grenzen der Front, an die Grenzen der Kräfte, an die Grenzen der Menschlichkeit. Meine Großmutter blieb zurück, begrenzt in ihrer Hoffnung, in ihrer Kraft, in ihrem Verstehen. Begrenzt die Zeit, die ihr noch blieb in der Stadt an der Grenze.

Die kleine Familie wurde zerrissen, in Waggons über viele Grenzen gekarrt in eine neue Stadt. Für Frau und Kind ist es begrenzt, das Leben. Keine Freude über den neuen Anfang, nur der Blick zurück in die Stadt an der Grenze und auf den Mann irgendwo da jenseits der Grenzen, noch eingesperrt im Krieg.

Erst als auch für diesen Krieg das Ende kam, als die Grenze erreicht war, fand man sich wieder. Jenseits aller Grenzen zu einem neuen Anfang. Kaum auszuhalten das Wiedersehen, doch begrenzt die Möglichkeiten, die Arbeit, der Mut, die Hoffnung, diesmal möge es gutgehen. Begrenzt und beengt das Atmen, die neue Freiheit kaum erfasst. Aber es ging gut. Eine ganze Weile. Die Familie fand wieder zueinander, es gab Arbeit und Brot, Freiheit und ganz, ganz selten mal eine Freude. Ein Stück Feuerholz, auf dem Nachhauseweg gefunden, ein Viertelpfund feine Leberwurst, ein Friseurbesuch für die Tochter, ein neues Kleid für die Frau zum Geburtstag, eine Gehaltserhöhung.

Aber die Grenze in seinem Kopf blieb sein Leben lang. Vertrauen haben mochte er nicht mehr, zu oft schon war es zerstört worden. Nachbarn waren für ihn nicht Freunde, sondern Feinde. Geld war nicht zum Ausgeben da, sondern zum Sparen, zu einer grenzenlosen Anhäufung von Scheinen, für die keine Bank solide genug war. In einer alten Tabaksdose bewahrte er Schein um Schein auf, so viele, dass der Deckel zuletzt nicht mehr schloss, weil der Druck der Scheine zu groß geworden war.

Die Wohnung war eine Art Flüchtlingslager. Es schien, als lohne sich die Einrichtung einer festen Behausung nicht. Wer weiß, wie lange man würde bleiben können.

Ein starrer Rahmen bildete die Grenze seines Alltags. Um fünf Uhr aufstehen und den Ofen in Gang bringen. Auch am Sonntag. Zu gefährlich für ihn, vom Rhythmus abzuweichen. Um neun Uhr ließ er das Feuer wieder ausgehen für genau zwei Stunden. Zu elf Uhr wurde es wieder entfacht. Dann am Nachmittag um 17 Uhr wieder, und zur Tagesschau ging er schlafen. Komme, was da wolle.

Sonntags ging er in die Kirche, den Brief an die Gottesmutter fest in der Westentasche. Zugehört haben wird er. Aber wenn der Pfarrer gar zu frei und offen sprach, dann passte das nicht in seine Frömmigkeit, die eine Art Schutzwall, eine Grenzbefestigung für ihn darstellte. Ausländer bei uns? Für ihn eine Grenzverletzung. Farbige als Lehrer seiner Enkelin? Der Bruch eines Tabus.

Um möglichst viele Geldscheine in die Tabaksdose legen zu können, sammelte er bei den Gemüsehändlern Obstkisten, die er die ganze Woche über mit einem kleinen Fahrradanhänger nach Hause brachte. Jeden Tag, bis auf Montag. Am Montag wurden alle Kisten in die Stube geholt und dort fein säuberlich auseinandergenommen. Nägel und Krampen wurden gerade geklopft und in einer alten Keksdose gesammelt. Vielleicht, nein, sicherlich könnte man sie noch mal gebrauchen. Das Holz wurde in gleichmäßige Abschnitte zersägt und in Mehltüten gesammelt, die er am Nachmittag von der Mühle holte. Umsonst natürlich, sonst hätte er eine andere Lösung gefunden.

Wenn bei aller Sparsamkeit einmal neue Kleider gebraucht wurden, dann führte sein Weg ihn zunächst zum Schuttplatz. Schließlich könnte es sein, dass gerade jemand Sachen weggeworfen hatte, die er noch gebrauchen könnte. Ein rot-schwarz karierter Mantel war einmal dabei. Den zog er im Winter ab 20.00 Uhr an, um nicht so viel heizen zu müssen. Und auch seine Frau musste eine Decke nehmen, wenn ihr kalt war. Schließlich konnte man den Verbrauch von zu viel Feuerung nicht riskieren. Wer konnte schon sagen, wann wieder ein Krieg kam, eine Grenze sich verschob.

An der Welt draußen war er nicht sonderlich interessiert. Wenn es eine Grenzverschiebung geben sollte, würde er es schon rechtzeitig erfahren. Und eine Zeitung zu abonnieren war ihm zu teuer.

Brauchte er einmal Papier, um etwas einzuwickeln, fuhr er zum Rastplatz der nahe gelegenen Bundesstraße. Die Fernfahrer ließen nach ihrer Pause die Zeitungen in den grünen Mülltonnen. Da konnte er sich kostenlos bedienen. Was die alles wegwarfen! Einmal hat er sogar einen kompletten Satz Unterwäsche mit Mieder gefunden. Er dachte sich einen Krimi dazu aus, deutete die Fundstücke als Requisiten eines Mordes. Zur Polizei ging er damit nicht, damit hätte er eine Grenze überschritten.

Seine Frau hatte gelernt, so bedürfnislos zu sein wie er. Wie sollte man auch gegen seine Grenzen anlaufen? Dazu reichte nicht die Kraft einer ganzen Armee. Schließlich hatte sie keine Wünsche mehr. Ihre Wünsche waren auf der anderen Seite der Grenze geblieben bei dem kleinen Garten und dem Ess-Service, bei den Gardinen und der Sitzecke mit den gehäkelten Kissen und dem Bild der Stabkirche Wang, die sie einmal an einem schönen Sonntag besichtigt hatten, einfach so. Das Lesen hatte sie verlernt, vielleicht buchstabierte sie sich noch manchmal die Überschriften zusammen, mehr nicht. Blumen gab es im Sommer auf den Wiesen, im Haus war es für Blumen ohnehin zu dunkel. Blumen mögen keine Grenzen.

Als Kind liebte ich diesen Großvater, weil er mich so liebte. Ich war die Perle in seiner Welt, etwas ganz Besonderes. Größer geworden, erkannte ich mehr und mehr, dass er sich in einem Grenzland bewegte, das außerhalb der Norm lag, das fremd und unheimlich war. Er war mir peinlich. Ich habe mich nicht getraut, von ihm zu sprechen, aus Angst, jemand könnte ihn gesehen haben mit seinen Kleidern vom Schuttplatz oder wie er gerade in den grünen Tonnen nach einer Zeitung suchte. Ich schämte mich für sein Fahrrad mit den Obstkisten und seine Tabaksdose, für seine Mehltüten und seinen Namen. Nie nahm ich jemanden mit zu ihm, wenn ich ihn besuchte. Ich konnte die Grenze zu ihm hin immer schlechter überwinden. Erst als ich ganz erwachsen war, viel über das Alter gelernt und über alte Menschen erfahren hatte, da wurde er von Neuem interessant für mich. Aus den Pflichtbesuchen wurden wieder solche Besuche, die diesen Namen verdienen. Ich spürte, dass ich hier Wahrheiten erfahren konnte, die man in keinem Buch nachlesen, in keinem Film sehen kann. Menschen an der Grenze zweier Länder, an der Grenze zu sich selbst, an der Grenze der Normalität. Wie man zu einem solchen Grenzer wird, habe ich von ihm erfahren, weil ich als seine Perle teilhaben durfte an seinen Ängsten und Fragen, an seiner Not und seiner Einsamkeit.

Als er der Grenze des irdischen Lebens näherkam, nahm er wieder und wieder den Brief aus der Tasche, den Brief seiner Mutter mit dem Gebet, das an die Gottesmutter gerichtet war. Geheimnisvoll und doch voller Wärme war dieser Brief für ihn. Einer der seltenen Momente der Ruhe und Geborgenheit in seinem Leben.

Wir haben ihn dann mit diesem Brief begraben, damit er ihn auf der anderen Seite der Zeit immer wieder lesen kann, dort, jenseits der Grenzen unseres Wissens und unseres Suchens, in den engen Grenzen des Sarges und doch grenzenlos.

VORLESEZEIT: ca. 12 Minuten

ERZÄHLIMPULSE: eigene Grenzerfahrungen, Erfahrungen mit Flucht und Vertreibung, Schwierigkeiten beim Einfinden in neue Lebenssituationen, Erinnerung an die Großeltern, Verhältnis zwischen Großeltern und Enkeln

Zehn Tage Sardinien

Wie in jedem Jahr habe ich mir auch in diesem Jahr wieder einige Tage in Italien in einer Sprachschule gegönnt. Ich ließ die Gemeinde und meinen persönlichen Hirten also allein zu Hause.

Weil ich gerne einen Flug von Bremen haben wollte, fiel die Wahl auf Alghero auf Sardinien. In der Schule Pintadera war man in Bezug auf organisatorische Fragen sehr hilfsbereit, sodass ich schnell eine Unterkunft gefunden hatte, die recht nett war. Die Vermieterin war 82 Jahre alt und eine echte Sardin. »Sono testarda« – »ich bin dickköpfig«, sagte sie von sich selbst. Dass es dazu auch einen »testardo«, also einen dickköpfigen Ehemann gab, bemerkte ich erst am letzten Tag, als er endlich mal auf dem Balkon zu sehen war. Ansonsten war er anderweitig beschäftigt, mit so wichtigen Dingen wie Kartenspielen, Philosophieren und Wein.

Nach einigen eher touristischen Eindrücken mit Hafenrundfahrt und Stadtrundgang begab ich mich dann aber zu Feldstudien, um eigene Eindrücke zu sammeln, die vielleicht einmal literarisch zu verwerten wären.

Beim ersten Besuch in einem Restaurant oder einer Pizzeria werde ich immer sofort als Ausländerin erkannt. Ich möchte zu gerne wissen, woher die das so schnell wissen. Manche wählen bei der Aufnahme der Bestellung eine Art »Ich Tarzan, du

Jane«-Sprache, indem sie mich fragen: »Drink, drink?« Es macht mir dann eine diebische Freude, in geschliffenem Italienisch zu antworten: »Ach bitte, es würde mir gefallen, auf Italienisch zu bestellen!« Da sind sie baff und ich feiere ein inneres Kreismissionsfest.

Den Sprachkurs, den ich belegt hatte, musste ich mit zwei alten Herren teilen, die grottenschlechtes Italienisch sprachen, aber ansonsten alles viel besser wussten. Weil ihre Lernbemühungen doch nicht viel brachten, verlegten sie ihr Interesse darauf, Fehler zu suchen und die italienische Leichtigkeit mit ihren Beschwerden über zu lange Pausen, zu schlecht vorbereiteten Unterricht und zu geringes pädagogisches Know-how zu torpedieren. Weil ich nicht auch noch im Urlaub mit schwierigen Menschen zu tun haben wollte, nahm ich kurzentschlossen Einzelunterricht mit Angela, einer sehr engagierten und interessierten Lehrerin.

Mit ihr zusammen konnte ich Altenheime besichtigen und einen Kommunalpolitiker sprechen (besonders dabei konnte ich ganz viel Italienisch lernen, so wortreich, wie der sich äußerte, ohne viel zu sagen ...), ich konnte mit Angela eine Einrichtung für Behinderte besuchen, viel Zeit im Café verbringen und zehn Tage lang die Sonne genießen.

Wie es sich für eine ordentliche Magd des Herrn gehört, bin ich natürlich am Sonntag in die Kirche gegangen. Wo ich eine feierlich versammelte Gemeinde erwartete, saßen Menschen zu einem

Schwätzchen über das bevorstehende Mittagessen, die Probleme mit den Kindern und den Sonntagsbesuch bei den Eltern zusammen. Nicht vor und nach der Messe, sondern währenddessen. Weil es aber nicht meine Konfirmanden waren, blieb ich ganz gelassen. Meine direkte Sitznachbarin hatte offensichtlich vorher noch ihren Einkauf beim Schlachter erledigt und legte ihre Koteletts neben sich auf die Bank, während sie selbst zum Abendmahl ging. Irgendwie wurde mir dabei die Fleischwerdung auf ganz neue Weise bewusst. Vielleicht hatte sie aber auch als Predigttext die Speisung der 5000 erwartet und wollte dazu ihren Beitrag leisten? Es blieb mir verborgen. Dass der Kirchenschlaf einer der gesündesten ist, bewies mir mein anderer Nachbar, der zwischen den recht anstrengenden Bemühungen beim Aufstehen und Wiederhinsetzen laut und vernehmlich schnarchte.

Der Priester gab mir eine Extra-Lektion in Sachen Arbeitsökonomie, denn er las lediglich den Text vor, der bereits auf kleinen gedruckten Blättern für alle Besucher vorlag. Seine Predigt bestand aus ganzen zwei Sätzen. Dabei ist es dann kein Kunststück, drei Messen nacheinander zu lesen, denn man liest ja wirklich nur und hat sogar noch drei kleine Jungs zum Umblättern der Seiten. Zu trinken gibt es auch immer mal einen kleinen Schluck, und die Turnschuhe kann man dabei ruhig anlassen. Das sehen sowieso nur protestantische Diakoninnen mit dem üblichen kritischen Blick.

Mit Claudia, einer hemdsärmeligen Extremsportlerin, machte ich einige Touren über Land zu den Nuraghen-Ruinen. Die von dort mitgebrachte Anregung, die Friedhöfe doch fortan wie die Dörfer anzulegen und Herrn Lehmann neben Herrn Schulz zu beerdigen, wenn die doch in diesem Leben schon so lange nebeneinander gewohnt haben, wollte mein persönlicher Hirte zu Hause nicht so recht aufnehmen. Dabei wäre das doch mal eine neue Variante der Friedhofsgestaltung.

Ich weiß nun, dass es auf Sardinien in der Einöde Pizzerien gibt, in denen man sehr gut isst. Woher gegen 20.00 Uhr auf einmal all die Leute kommen, um dort zu essen, ist mir aber leider verborgen geblieben, weil ich mit Angelo so viel quatschen musste. Schließlich hatte er mal in »Kölne« gearbeitet und freute sich so sehr, in seinem Deserto mal »eine deutsche Gaste« zu haben.

Auf Sardinien gibt es sehr viel Gegend, die die wenigen Menschen dort mit vielen Tieren teilen. Denn leer können sie es nicht ertragen. So ist es nicht ungewöhnlich, Ziegen, Schafe, Schweine und Kühe einfach so auf der Straße zu sehen. Ein Mailänder, der mit mir im Bus saß, rieb sich die Augen und bemerkte alle 50 Meter »Tutta campagna«, was man ammerländisch (so heißt die Region, aus der ich komme) mit »viel Gegend hier« übersetzen könnte, wohl weil er an die vielen Hochhäuser in seiner Stadt dachte und weil er ja irgendwie sprechen musste, wie das alle Italiener immer und immer wieder müssen.

Sie sprechen mit ihren Männern, auch wenn die nicht zuhören. Sie reden auf ihre Pflanzen ein, was diese mit gutem Wachstum belohnen. Sie reden auf Touristen ein, und wenn sie dann auch noch verstanden werden, dann nimmt der Redefluss kein Ende. Nur wenn sie reden sollten, reden sie nicht.

Das habe ich bei einem Streik des öffentlichen Nahverkehrs hautnah miterleben können. Etliche ausländische Menschen warteten vergeblich an den Bushaltestellen, während alle öffentlichen Verkehrsmittel zum Ärger der Leute leer umherfuhren. Aber niemand hat ihnen gesagt, warum kein Bus sie mitnimmt und dass sie sich allein um ihr Fortkommen kümmern müssen. Aber ich war ja da und habe wenigstens ein englisches Ehepaar davor gerettet, den Flieger zu verpassen.

Doch zurück zum Reden: Schon morgens früh treffen sich die Männer zum Austausch der wichtigsten Neuigkeiten am Hafen. Schließlich haben sie sich seit mindestens zehn Stunden nicht gesprochen. Und außerdem gibt es da viel zu sehen. Zum Beispiel deutsche Touristinnen, die noch mit nackten Füßen in Sandalen gehen, auch wenn doch schon Oktober ist. Dass es draußen 27 Grad sind und es durchaus warm zu nennen wäre, stört sie dabei nicht. Zu Hause hat die »Maaammmma« schon alle Sommersachen weggeräumt, so trägt man eben Mantel und Schal und in den Morgenstunden gerne auch schon mal Handschuhe. Ordnung muss sein, sogar in Italien.

Die Mafia hat angekündigt, noch bis zum Weihnachtsfest Roberto Saviano, den Verfasser des sehr erfolgreichen Buches »Gomarrah«, zu ermorden. In diesem Buch enthüllt er die Machenschaften der sogenannten »Ehrenwerten Gesellschaft« und nennt dabei sogar Namen. Was für ein Mut und was für eine Gefahr für den jungen Autor, der seit der Veröffentlichung unter Polizeischutz lebt. Sozusagen als Extra-Bonbon haben ihm die namhaften Städte Italiens die Ehrenbürgerschaft angeboten. Wie ihn das vor den Kugeln der Mafiabosse schützen soll, kann ich mir nicht erklären. »Bitte nicht schießen – ich bin Ehrenbürger!« Es ist aber wenigstens eine nette Geste, und Gesten sind wichtig, wenn auch nutzlos. Wenn man allerdings die falsche Geste macht, dann gerät man in Schwierigkeiten. Ein zweimaliges Wischen mit der Hand unter dem Kinn kann zu Missverständnissen führen. Ich wollte vielleicht nur mal wischen, mein Gegenüber versteht das als eine üble Beleidigung.

Schon wenn man zwei Tage hintereinander die Tageszeitung in einem Kiosk gekauft hat, gehört man zur Stammkundschaft. Im Tabacchi, dem Tabakladen, kennt man deine Sorte, der Barmensch weiß, dass du morgens Cappuccino und abends Campari trinkst, und der Pizzaiolo hat sich selbstverständlich gemerkt, dass du eine Vorliebe für Steinpilze und Schinken hast, der Rotwein gerne gekühlt und das Wasser »con gas«, also mit Blubber sein sollte.

Lorbeerblätter gibt es nicht in kleinen Papiertüten, sondern als große Zweige, wahlweise frisch oder getrocknet. Apfelsinen sehen hässlich aus, schmecken aber wunderbar, was ja auch ihre eigentliche Aufgabe ist. Senegalesen verkaufen ziemlich echte Gucci-Taschen und Armani-Parfüm, aber sie lassen wenigstens mit sich handeln, und dann ist es doch auch gar nicht mehr so wichtig, ob es echt ist. Es hat doch Spaß gemacht und ich kann mir einbilden, die Hälfte des Preises gespart zu haben.

Kleine Sarden aus dem Gebirge versammeln sich zu einem Bewunderungsmarsch für Ivo Scapolo, einen alpinen Helden, dem zu Ehren sie richtige Federbüsche und Trachtenhosen anziehen, sodass ich einen Moment lang erschrocken dachte, die Rasteder Musiktage seien mit mir mitgeflogen. (Wir haben hier in unserem Ort nämlich ein jährliches Musikzugtreffen, bei dem Kapellen und Gruppen aus ganz Europa zu einem Wettstreit der Noten zusammentreffen. Dahin gehe ich immer mit meinem persönlichen Hirten. So eine Gruppe nun hier anzutreffen, das erstaunte mich also nicht schlecht!)

Ich soll unbedingt wiederkommen, aber mit Marito, meinem Ehemann, denn das geht doch gar nicht, dass ich mich in der Sonne räkele, während er daheim so tristen Beschäftigungen wie Beerdigungen nachgeht. Und Socken soll ich mitbringen, jedenfalls wenn ich im Oktober komme. Da ist doch schon Winter, ein herrlicher Winter mit 27 Grad im Schatten. Ich wusste gar nicht, dass ich den Winter mag.

VORLESEZEIT: ca. 15 Minuten

ERZÄHLIMPULSE: Reiseerinnerungen und Ferienerlebnisse, Kenntnisse von Fremdsprachen, Schüler oder Schülerin sein als Erwachsener, Rituale und Gewohnheiten von anderen Menschen in anderen Ländern, Begegnung mit Fremden

Doktor Zion

In der Adventszeit basteln wir im Kindergottesdienst viel mit den Jungen und Mädchen. Es macht ihnen viel Spaß und sie sind mit großem Eifer bei der Sache. Leider geschehen dabei auch einige Missgeschicke oder unfreiwillig komische Dinge.

Am 1. Advent backen wir kleine Kuchen. Das Mehl klebt überall. Der Pullover ist weiß, die Haare sind weiß und an den Händen backt eine Mischung aus Schokostreuseln und Haselnusskernen. Bald durchzieht aber ein leckerer Duft von frischem Gebäck unser Gemeindehaus.

Wenn die Erwachsenen nach ihrem Gottesdienst in der großen Kirche diese leckeren Plätzchen bei einem Kirchentee knabbern, entsteht hoffentlich so eine schöne Stimmung, dass niemand über die verklebten Pullover, Haare und Hosen meckert.

Am 2. Advent basteln wir aus kleinen Holzstücken einen Weihnachtsmann. Eine rote Perle wird dort aufgeklebt, wo wir seine Nase vermuten. Und der Bart muss natürlich weiß sein, weiß und lang. Und wieder kriegen auch die Ärmel, Haare und Hände etwas von dem Kleber und der Watte ab.

Die Kinder hätten gerne etwas Papier zum Einwickeln ihrer Werke, damit sie die Geschenke bis Weihnachten vor den neugierigen Blicken der Eltern gut verbergen könnten. Das ist aus einigen Bögen Papier schnell gemacht. Ich beeile mich, die

Tüten fertigzustellen, denn sonst gehen die Mädchen wieder in die Damentoilette, wo sie neulich Tüten gesehen haben, die allerdings einen anderen, ihnen noch unbekannten Zweck erfüllen.

Am 3. Advent dürfen die Kinder einander erzählen, was sie sich alles zu Weihnachten wünschen. Das ist eine leichte Aufgabe, und die Wünsche sprudeln nur so hervor. Ein Fahrrad, einen Computer, Bettbezüge mit dem Emblem des Lieblingsfußballvereins, eine Hello-Kitty-Uhr, Bücher, Süßigkeiten. Nein, nein, nicht der eine dies und der andere das, sondern einer all das!

Am 4. Advent, also schon ganz nah an Weihnachten, wird es nun wirklich weihnachtlich, denn wir haben uns vorgenommen, eine Krippe zu malen. Wir Erwachsenen gehen immer wieder um die Tische herum, an denen die Kinder sitzen, loben, geben hier und da eine Anregung und freuen uns über die eifrig malende Schar. Malte hat einen Doktor neben die Krippe gemalt. Das soll er mir mal erklären, was denn ein Arzt neben der Krippe soll. Also frage ich ihn, ob denn das kleine Kind sofort krank geworden sei? »Nein!«, antwortet er entrüstet. »Aber der Doktor gehört doch dazu!«

Ich habe Mühe, seinen Gedanken zu folgen, und erkläre ihm deshalb erst einmal, dass das Jesuskind in einem Stall bei ganz armen Leuten geboren wurde. Da hat es keinen Arzt gegeben, so wie das bei uns heute ist.

Malte wird ungeduldig, weil ich ihn nicht verstehe. Erwachsene sind manchmal wirklich kompliziert. »Das weiß ich doch alles, das mit den armen Leuten und so! Aber du hast doch mit uns von dem Doktor gesungen. Gerade eben. Hast du es schon wieder vergessen?«

»Von welchem Doktor habe ich denn gesungen?«, frage ich weiter nach, obwohl ich schon etwas ahne.

»Na, wir haben doch gesungen: ›Doktor Zion, freue dich!‹ und deshalb habe ich den Doktor gemalt. Hier steht er doch, gleich neben der Krippe!« Ich muss tüchtig lachen, und das versteht Malte nun überhaupt nicht. Er schüttelt nur den Kopf über diese merkwürdigen Erwachsenen. Erst singen sie etwas und dann verstehen sie nicht, was sie gesungen haben.

VORLESEZEIT: ca. 5 Minuten

ERZÄHLIMPULSE: Advents- und Weihnachtszeit mit Kindern, Verhörer bei Weihnachtsliedern oder sonstigem Liedgut bei sich selbst oder bei Kindern und Enkelkindern

Ein Beruf mit Z

Es ist der 31. Oktober, und wir müssen dem ins Auge sehen, dass heute nicht nur der Reformationstag ist, sondern die Kinder uns bei hereinbrechender Dunkelheit mit ihrem Besuch beehren werden, bei dem sie uns drohen mit dem Spruch: »Süßes oder Saures!« Vor einigen Jahren schon ist dieser schrille Brauch aus Amerika zu uns herübergeschwappt. Kostüme werden gekauft oder genäht, Sprüche auswendig gelernt und strategisch günstige Wege zum Besuch der Leute in der Siedlung ausbaldowert. Ausgehöhlte Kürbisse werden zu schaurigen Masken, und leuchtende Farben malen ein gruseliges Gerippe auf einen schwarzen Umhang.

Schon Luther hatte sich den Vorabend von Allerheiligen als guten Zeitpunkt für den Anschlag seiner Thesen an die Schlosskirche von Wittenberg ausgesucht, weil er davon ausging, dass da viele Leute zur Kirche kommen und seine Thesen lesen werden. Heute wird nichts mehr an die Türen genagelt. Heute wird aber auch nichts veröffentlicht, jedenfalls jetzt noch nicht, denn heute ist Halloween. Vielleicht finden wir später Bilder von dem Geschehen im Internet in irgendwelchen Netzwerken. Egal – vorsorglich habe ich eine große Tüte Süßigkeiten besorgt, die ich hübsch in einer großen Schale angerichtet habe. Ein Jumbopack mit Schokoriegeln und Bonbons. Schließlich will ich nichts Saures. Auch keine Zahnpasta unter der Türklinke.

Bei der ersten Dämmerung bereits klingelt es. Aber das wäre gar nicht nötig gewesen, denn ich habe schon das Geraschel und Geflüster der Geister gehört, bevor sie den Klingelknopf betätigt haben. Also öffne ich und sehe drei Gestalten. Eine Hexe, ein Gespenst und ein Gerippe. »Wir sind die kleinen Geister und essen gerne Kleister. Und woll'n Sie uns nix geben, dann bleiben wir hier kleben.« Die Geister dürfen sich aus der Schale mit den Süßigkeiten bedienen und ziehen weiter. Ich habe mich kaum wieder gesetzt und mein Buch zur Hand genommen, da klingelt es erneut. Diesmal sind es drei Hexen. Sie sagen ihren Hexenspruch auf, bedienen sich an der Schale mit den Süßigkeiten und ziehen weiter. Ausgerüstet sind sie übrigens mit Einkaufstaschen. Sie erwarten also noch mehrere freiwillige oder unfreiwillige Spenden von Süßem. Wenn das so weitergeht, weiß ich nicht, ob der Inhalt der Schale ausreichen wird. Vorsorglich schaue ich schon mal nach, ob wir genügend Scheuerpulver und Lappen haben. Ja, das reicht.

Es klingelt noch unzählige Male, und der Inhalt der Schale mit den süßen Versuchungen schrumpft und schrumpft.

Beim nächsten Mal sind es drei Konfirmandinnen, die sich freiwillig sehr hässlich gemacht haben. Sie knien vor der Tür und haben sich für den Pastor und seine Frau eine besondere Variante ausgedacht. Ihr Spruch lautet: »Gott hat uns befohlen, wir sollen uns was holen!« Na ja, theologisch sicher nicht ganz einwandfrei, dafür aber kreativ. Also füllen auch sie ihre Taschen mit den Süßigkeiten.

Und wieder klingelt es. Dieses Mal sind es merkwürdige Kostüme. Besonders ein verkleideter Geist gibt mir Rätsel auf. Er trägt einen viel zu großen grünen Medizinerkittel. »Was bist du denn für ein Geist?«, frage ich ihn. »Ich bin kein Geist, aber du musst meinen Beruf erraten!«, fordert er mich auf. Arzt wäre wohl zu einfach, also bitte ich um Hilfe, indem ich einen Anfangsbuchstaben erfrage. Bereitwillig verrät er, dass sein Beruf mit Z beginnt. Zahnarzt ist natürlich zu einfach. Weil ich zu lange rätseln muss, gibt er die Lösung selbst preis. »Ich bin Zichater! Sieht man doch!«, verkündet er stolz und fügt noch hinzu: »Wie mein Papa! Und nun Süßes oder Saures!«

Zum Glück nehmen sie schnell etwas aus der Schale, denn ich muss dringend ins Wohnzimmer zurück, um unbeobachtet und vor allem schallend lachen zu können.

Ja, und dann wird es richtig dunkel, und der Strom der Geister ebbt langsam ab. Die Süßigkeiten haben übrigens gerade so gereicht.

VORLESEZEIT: ca. 4 Minuten

ERZÄHLIMPULSE: Eigene Erfahrungen mit Halloween, Martinisingen, lustige Fehler in der Schreibweise und beim Buchstabieren bei Kindern

Dreta mag Delb

Wir sind umgezogen und haben damit auch neue Nachbarn bekommen. Nachbarn sind ja bekanntlich wie Familie, man kann sie sich nicht aussuchen, aber wir hatten großes Glück. Unsere kleine Nachbarin heißt Greta. Sie ist zweieinhalb Jahre alt, und deshalb heißt sie bei sich selbst »Dreta«, denn das G ist noch ein Problem. SCH übrigens auch und das J auch noch ein wenig, aber sonst ist sie eine selbstbewusste und liebenswerte Persönlichkeit. Sie saukelt, was das Zeug hält, hüpft auf ihrem Tampolin und schaut zu, wenn wir rundherum den Hasen mähen. Sie weiß, was sie will, und meistens will sie es setzt gleich.

Wenn Sie mich im Garten sieht, ruft sie gleich laut und in fröhlicher Erwartung: »Hallo Hita! Ich tomm hüber?« Und nach Absprache mit den Eltern hilft sie mir dann eine Weile beim Jäten des Unkrautes, beim Pflanzen und Gießen, beim Buddeln und Tüddeln. Diese Arbeiten werden immer wieder unterbrochen, weil Dreta eine Stärkung in Form von Weinlollies braucht. Am liebsten mag sie die delben Lollis. Sie weiß schon genau, in welcher Schublade sie sich befinden. Wie mein Mann das aus Spaß immer macht, klopft auch sie an die Schranktür, bevor sie sie öffnet, um dann die delben Lollis herauszuholen. In der nächsten Pause muss sie etwas tinken.

In den letzten Tagen erfreut sie uns und natürlich auch ihre Eltern mit einer endlosen Reihe von »Wieso-Fragen«. Wieso machst du das? Wieso ist die Dießtanne deckig? Wieso sneidest du die Blumensonne? Wieso sind die Metterminge an der Bume? Wieso musst du setzt arbeiten?

Die gegebenen Begründungen lassen die Kette der Fragen nicht etwa abreißen, sie führen vielmehr zu neuen Wiesos! Wenn wir unsererseits sie nach dem Grund manchen Handelns fragen, ist sie wieder ganz pfiffig und antwortet: »Weil, das is eben so!«

Wenn es draußen hegnet, das macht Dreta dar nichts aus. Denn sie hat einen Hegenmantel. Den zeigt sie mir stolz und sagt: »Tuck mal, Hita, ich hat ein Hegenmantel und ich hat auch Dummeldibbel!« Bei den Dummeldibbeln tippte ich erst einmal auf »Trommelwirbel«, weil es sich für mich so anhörte, aber da lag ich ganz falsch. Dreta muss viel Geduld mit mir haben, denn für sie sind Dummeldibbel ihre neuen Gummistiefel. Mit einem Trommelwirbel haben sie gar nichts zu tun.

Gelegentlich kommt auch der Junge von gegenüber zu unseren Streifzügen durch den Garten dazu. Dann hat meistens Dreta ihn gerufen: »Tom, Tom!«, und damit meint sie kein Navigationsgerät.

Damit sie den Weg zu uns herüber auch gleich findet, habe ich ihr eine Wegmarkierung gepflanzt. Es sind Stiefmütterchen, natürlich in ihrer Lieblingsfarbe Delb. Ihr Vater erwägt noch, ein Geländer und eine Klingel anzubringen, damit Dreta ihr Kommen entsprechend ankündigen kann, wenn sie den delben Pfad beschreitet. Das wollen wir aber lieber noch einmal gemeinsam überdenken.

Und manchmal ist auf der delben Bume auch ein delber Metterming. Das ist dann die Krönung. Greta ruft entzückt: »Hita, tuck mal! Alles delb!« Wenn ich ihr zu Weihnachten einen Teddy stricke, werden Sie es nicht schwer haben, dessen Farbe zu erraten, oder? Natürlich, er ist delb.

VORLESEZEIT: ca. 4 Minuten

ERZÄHLIMPULSE: Nachbarschaft, Erinnerungen an Kinder und Enkel, wenn sie noch nicht fehlerfrei sprechen können, Lieblingsfarben

So schnell wird man zum Opa

Ein schöner Herbsttag. Die Sonne ist noch richtig warm, und mein Mann nutzt das schöne Wetter, um die restlichen Gemeindebriefe in die Postkästen unserer Umgebung zu stecken. Das Laub raschelt unter seinen Schritten, und weil es um die Mittagszeit ist, kann er manchmal schon riechen, was es bei den Menschen heute zu essen geben wird. Da kommt er bestimmt mit vielen guten Vorschlägen nach Hause, die ich dann wieder umsetzen soll. Auch die Vorgärten inspiziert er dabei und stellt Vergleiche an, die für mich mit Arbeit verbunden sind. Wie früher Luther zu seiner Käthe, wird er nach seiner Rückkehr sagen: »Rita, wir müssen mal wieder Unkraut zupfen!« Und wie Luther wird er damit meinen: »Käthe, mach du's!«

Bevor er unterwegs noch weitere Aufgaben für mich findet, wird er bald aus seinen Gedanken gerissen, denn von vorne kommt ihm ein kleiner Junge mit seinem Laufrad entgegen. Der Vater ist noch ein Stückchen weiter entfernt. Auch wenn er noch klein ist, ist er bereits ein aufmerksamer Verkehrsteilnehmer, denn laut ruft der Junge meinem Mann zu: »Achtung, Opa!« Der Vater eilt dazu und ruft seinen Sohn zur Ordnung, wohl auch, weil er meinen Mann kennt, der in unserem Ort der Pastor und darum mein persönlicher Hirte ist. »Jetzt lass das mal!«, sagt er. Der kleine Junge ist entrüstet, dass sein Vater seine Besorgnis um den ihm entgegenkommenden Mann so gar nicht teilt. »Aber der Opa sieht das doch nicht, und BUMS, liegt er unter dem Rad!«

Das Gesicht des Vaters nimmt die rote Färbung des Bergahorns vor unserem Carport an, weil ihm das Ganze so peinlich ist. Und sein Sohn setzt noch einmal nach: »Siehste, Papa, nun hat der Opa das auch mitgekriegt!«

Mit einem eher hastigen Gemurmel gehen die beiden Männer aneinander vorbei. Aber bald schon müssen sie beide lachen. Sie drehen sich noch einmal um und winken einander zu.

Ich habe allerdings beim Mittagessen dann doch noch die Aufgabe, meinen Mann seelisch wieder aufzurichten. Schließlich ist er das erste Mal in seinem Leben »Opa« genannt worden. Vielleicht helfen ihm die Königsberger Klopse, dieses Tief zu überwinden. Und ich gehe nach dem Essen in den Garten und zupfe das Unkraut.

VORLESEZEIT: ca. 3 Minuten

ERZÄHLIMPULSE: Großeltern sein, älter gemacht werden, als man ist, zum ersten Mal alt gefühlt, vorwitzige Kinder und ihre Äußerungen, Situationskomik mit Kindern

Ein Haus mit besonderer Wertschätzung

Vor einiger Zeit hatte ich Gelegenheit, mit dem Examenskurs der Altenpflegeschule, an der ich unterrichte, die Abschlussfahrt nach Mailand zu erleben. Dort hatten wir als besonderes Ziel das vom Komponisten Giuseppe Verdi gegründete Altersheim »Casa di riposo per musicisti« zu besuchen. Wörtlich übersetzt heißt das: »Haus zum Ausruhen für Musikanten«. Aber an dem Namen war irgendetwas falsch, denn ausgeruht haben sich die Berühmtheiten eher weniger. Verdi hat mit diesem Haus sein »bedeutendstes Werk« geschaffen, so sagte er selbst einmal. In dem prächtigen Haus finden alt gewordene Musiker, Sängerinnen, Tänzerinnen, Komponisten, Dirigenten, kurzum Menschen, die ihr Leben der Musik gewidmet haben, ein letztes Zuhause.

Das ganze Haus ist von Musik durchströmt. Aus Lautsprechern tönt Verdi-Musik, die ehemaligen Berühmtheiten singen, tanzen, spielen Klavier und sind immer noch ein bisschen auf der Bühne, denn es besteht kein Zweifel daran: Das hier ist ihr Haus, in dem sie bestimmen. Schränke voller Noten, Instrumente, Verdis Flügel, altes Mobiliar, Flure voller Bilder der Diven in Kostümen. Sogar auf der Bettwäsche steht »Viva Verdi«. In den Fluren sind

Büsten von Verdi und im großen Saal hängt das berühmte Porträt des Künstlers, wie es Boldoni gemalt hat. Nur wenn ein Bewohner des Hauses verstorben ist, schweigt die Musik. Der Direttore stellt die italienische Fahne ins Foyer, und alle verneigen sich noch einmal vor dem Freund.

Die ehemalige Primaballerina der Mailänder Scala bat uns mit einer elegant angedeuteten Pirouette in ihr Zimmer, um uns dort ihre Kostüme, ihre Rezensionen, ja ihr Leben zu zeigen. »Ich war mal jemand!«, so der Ausdruck ihrer Gesten, ihrer Mimik, ihrer Worte.

Der alt gewordene Tenor, der noch mit 91 Jahren ein Konzert in Japan gegeben hatte, um das er, wie er mit einem besonderen Blitzen in den Augen betonte, »gebeten worden war«, machte uns unmissverständlich deutlich, dass alle alten Menschen noch gebeten werden wollen, mit uns ihre Schätze und Erfahrungen zu teilen.

Der frühere Dirigent eines großen Orchesters, der am Tisch saß und eine Seidenblume wickelte, ließ uns erkennen, dass er jemand ganz Einzigartiges gewesen ist, auch wenn man das jetzt auf den ersten Blick nicht mehr sieht. Aber eben nur auf den ersten Blick.

Und selbstverständlich behandelten alle Mitarbeitenden des Hauses die Bühnengrößen als etwas Einmaliges und ganz und gar Besonderes. Aber auch in diesem Haus war nicht alles eitel Sonnenschein. Es gibt Streitereien darum, wer denn den Maskenball besser gesungen hat und im Rigoletto mit mehr Applaus bedacht worden ist – ein Verhalten also wie im richtigen Leben eben. Aber das Haus strömt etwas von der besonderen Wertschätzung aus, die den alten Menschen dort entgegengebracht wird.

Seit einigen Jahren hat man das Konzept des Hauses ein wenig verändert. 25 der 100 Zimmer werden inzwischen an junge Musikstudenten aus der ganzen Welt vergeben, die dort mit den alt gewordenen Kollegen leben und arbeiten können. Die älteren Kollegen haben richtige Patenschaften für die Jungen übernommen, verbessern hier ein wenig die Sicherheit bei den Auftritten, dort die Dynamik des Spiels. Und auch die Mailänder Bevölkerung profitiert von dem Haus, denn die Musiker geben noch Unterricht im Klavierspiel und im Gesang und erhalten als Gegenleistung Unterricht in der Arbeit am Computer.

Selbstverständlich haben alle dort lebenden Musiker Freikarten für alle Aufführungen der Mailänder Scala, zu denen sie von Mitarbeitenden oder Ehrenamtlichen begleitet werden.

Im Eingangsbereich hängt eine große Tafel, auf der die bedeutendsten Künstlernamen zu finden sind. Horowitz und Toscanini sind dort zum Beispiel zu finden. Die Tafel zeigt an, wer alles etwas für die Casa Verdi gespendet hat. Jetzt berühmte Künstler sind gern gesehene Gäste des Hauses. Sie musizieren mit den alten Kollegen und zittern sicher manchmal bei deren Kritiken.

Selbst die ganz Coolen unter unseren Altenpflegeschülern waren tief beeindruckt und zu Tränen gerührt von diesem Haus.

Wir können uns traurig zurücklehnen und sagen: »Ja, die waren berühmt, aber wir?« Oder wir können daraus Kraft und Mut schöpfen und sehen, dass es auch ganz anders geht. Ist nicht jeder Mensch berühmt und ganz und gar einmalig? Hat nicht jeder Mann und jede Frau Talente, Fähigkeiten und Liebenswürdigkeiten, die Gott nur einmal einem Menschen gerade so geschenkt hat? Sollen alte Menschen, die nicht auf den Bühnen der Welt standen, etwa weniger Wertschätzung erhalten, nur weil ihre Namen nur ein paar wenigen anderen bekannt sind?

»Ich lebe hier in meinem Traum«, sagte uns Stefania Sina, eine Sängerin, die dort lebt, malt, schreibt und gerne erzählt. »Seit ich ein junges Mädchen war und die Bühne vor Augen hatte, habe ich in einem Schuhkarton unter meinem Bett alles gesammelt über die Casa Verdi. Und nun bin ich hier. Ich lebe meinen Traum!«

Mich hat der Besuch ermutigt. Er hat mir Kraft und Schwung gegeben, mich nachhaltig begeistert.

Und bei so viel Begeisterung werden Sie sicherlich verstehen, warum ich immer mal wieder einen Examenskurs nachdrücklich dazu motiviere, dass ihre Exkursion auch das Ziel »Mailand« haben könnte, damit dieses Haus mit der besonderen Wertschätzung auch sie dazu inspirieren möge, alle alten Menschen als einmalige und einzigartige Geschöpfe zu sehen. So werden es immer mehr Menschen, die darum bemüht sind, diesen Traum der Einzigartigkeit für alle alten Menschen wahr werden zu lassen. Mit Wertschätzung und einer Verbeugung vor ihrem einmaligen und unwiederbringlichen Leben fängt es an.

VORLESEZEIT: ca. 8 Minuten

ERZÄHLIMPULSE: eigene Wünsche für das Alter, Lieblingskomponisten und ihr Leben, besondere Persönlichkeiten bei älteren Menschen, Talente und Fähigkeiten

Ein Engel auf vier Pfoten

Heiligabend und Blitzeis – spiegelglatte Straßen, aber wir mussten trotzdem los. Wir, das sind in diesem Fall mein persönlicher Hirte (mein Mann ist Pastor) und ich. In der alten Schule auf dem Dorf warteten die Menschen auf den Gottesdienst. Die konnten wir nicht enttäuschen. Für den Weg, den man sonst in zehn Minuten locker schafft, benötigten wir eine geschlagene Stunde. Auf dem Hinweg sahen wir auf den Straßen schon viele Leute mit Schlitten und dicken Schneeschuhen. Manche hatten sich übergroße Socken über ihre Schuhe gezogen, um so einigermaßen gut voranzukommen. Solange es hell war, mochte der Weg ja noch zu bewältigen sein, aber wie sollte es auf dem Rückweg werden, wenn die Dämmerung längst hereingebrochen war und man kaum mehr Straße und Böschung würde unterscheiden können? Egal, nun mussten wir erst einmal unsere Konzentration für die Christvesper sammeln, um den Menschen einen guten Gedanken mit in ihre weihnachtlichen Stuben zu geben. Mit den Liedern und Gebeten, den alten Texten und mit der Predigt verging die Zeit schnell. Wir bedankten uns bei allen, die die alte Schule in diese Weihnachtsstube verwandelt hatten, wünschten für den Heimweg eine Extra-Portion Segen und machten uns selbst auch schnell wieder auf den Weg. Wenn es wieder so lange dauern würde, kämen wir gewiss zu spät, um unsere Gäste hereinzulassen, die den Heiligen Abend mit uns verbringen wollten. Außerdem war ja noch die nächste Christvesper zu halten, diesmal im Gemeindehaus gleich gegenüber dem Pfarrhaus, zu der wir auch möglichst pünktlich sein wollten. Aber eine überhöhte Geschwindigkeit würde hier zu nichts führen, außer vielleicht zu einem Unfall. Fast im Schritttempo ging es vorwärts. Bei solchen Straßenverhältnissen würde unser Schutzengel nicht besonders schnell fliegen können, also mochten wir auch nicht schnell fahren. Plötzlich war vor uns eine weiße Gestalt – nein, kein Engel, eher das Schaf aus der Weihnachtsgeschichte. Zum Glück kam der Wagen gleich zum Stehen und ich konnte aussteigen, um zu schauen, was dort vor uns auf der Straße hin- und herlief. Es war kein Schaf, sondern der große weiße Schäferhund, den ich schon vom letzten Geburtstagsbesuch auf dem großen Bauernhof kannte. Er bellte mich an, aber nicht böse, sondern aufgeregt. Irgendwie konzentriert und angespannt wirkte er. Man soll die Tiere nicht mit menschlichen Attributen beschreiben, dachte ich noch bei mir, da sah ich, dass jemand dem Hund eine kleine rote Tasche um den Hals gebunden hatte. Ich lockte ihn zu mir, um die Tasche an mich zu nehmen und zu öffnen. Darin fand ich einen kleinen Zettel, auf dem hatte jemand mit zittrigen Händen auf einen Einkaufsbon »Sturz« geschrieben. Mein Mann und ich kombinierten, dass der Hund uns eine Botschaft von seinem Frauchen gebracht hatte, das irgendwo gestürzt sein musste. Aber wo? Der Hund lief vorweg und bellte uns zu. Hieß das, wir sollten mitkommen? Und was würde mit dem Gottesdienst, mit unseren Gästen werden? »Der barmherzige Samariter lässt grüßen!«, sagte mein Mann und legte wieder den ersten Gang ein, um dem Hund zu folgen. Der Hund bog gleich in die nächste Einfahrt ein, den Weg zum Hof der alten Frau. Und dort zeigte sich, dass wir den Hund und seinen Auftrag ganz richtig verstanden hatten. Im Schnee vor dem Haus lag die Bäuerin. Auch sie hatte zum Gottesdienst gehen wollen. Darum hatte sie wenigstens einen warmen Mantel an. Aber sie war gefallen, ausgerutscht auf dem glatten Weg in die alte Schule. Schnell trugen wir sie ins Haus, benachrichtigten den Arzt und die Kinder, die ohnehin schon in Sorge und auf dem Weg zu ihr waren, ließen auch hier noch eine große Portion Segen zurück und tuckelten sehr langsam und sehr zufrieden zum nächsten Gottesdienst. Der hatte ohne uns angefangen, denn der Organist hatte schon mal zur Einstimmung ein paar Weihnachtslieder gespielt, auch das von den Engeln, die auf den Feldern singen.

»Es müssen nicht Männer mit Flügeln sein«, es können auch Hunde mit Taschen sein, Engel, die behüten und helfen, die das Richtige tun und die unvermittelt auf einmal aus dem Nebel auftauchen und uns von dem Weg abbringen, den wir für so wichtig hielten, und die uns den Weg zu unserem Nächsten zeigen, zu dem, der gerade uns gerade jetzt braucht.

VORLESEZEIT: ca. 7 Minuten

ERZÄHLIMPULSE: besondere Erlebnisse in Situationen von Bewahrung und Hilfe, besondere Witterung an Weihnachten, Erlebnisse mit Tieren

Ein buntes Weihnachtspotpürree

Zur Weihnachtszeit gehören nicht nur die bunt geschmückten Stuben und die Geschenke, die Lieder und der Duft von Gebäck. Ich finde, es gehört auch dazu, dass man etwas über diese Zeit weiß, wie die Bräuche entstanden sind, welcher Sinn sich dahinter verbirgt, was der Ursprung dieses Festes ist und was wir da eigentlich ganz genau feiern. Sonst kommt es eines Tages dahin, dass wir den Tannenbaum haben und nicht mehr wissen, warum, dass wir einander Geschenke machen und nicht mehr bedenken, was sie bewirken sollen, dass wir Dominosteine essen und ihre Symbolik nicht mehr kennen. Wie wichtig diese Wissensvermittlung ist und wie viele Lücken es bei den Menschen in dieser Hinsicht gibt, zeigt die Zusammenfassung all der Fehler, die eine Gruppe von Jugendlichen in einem weihnachtlichen Quiz gemacht hat.

Passen Sie auf!

Im Jahre 500 nach Christus wurde Jesus geboren, und zwar in Bettelhelm in einer Futtergrippe, wo sonst Stroh für die Familie der dort wohnenden Ochsen mit ihren Kühen und Kälbern drin war. Wegen einer Vollzählung mussten die Eltern dorthin, denn das war ihr Heimatsland, aber nicht nur der Stall, sondern auch das Land drumrum. Der

König Karl der Große hat das angeordnet und zu der Zeit war Quax, der Bruchpilot, Landpfleger in Sibirien. Übrigens stand im Stall auch eine Tanne, deshalb haben wir den Tannenbaum zu Weihnachten. Es ist ja auch der einzige Baum, der im Dezember Früchte trägt. Das ist ein Symbol. Der König damals hieß Herr Rodes und seine Frau war Frau Rodes. Als sie von der Geburt des Jesuskindes hörten, fanden sie das nicht gut und waren sehr verärgert und wollten alle töten. Zum Glück nur die Jungs. Aber der Graf Pomzerius Pilatz konnte das Schlimmste verhindern. Zu dem klapprigen Stall kamen auch noch die Hirten, denn ein Engel hatte sie angequatscht. Sie brachten Scharfe mit und auch ein Renntier mit einer roten Nase. Die Könige aus dem Morgenland brachten auch Geschenke. Geld, Weißkraut und Möhren. Heute kennen wir den Weihnachtsmann. Früher hatte er eine grüne Jacke an, um sich besser im Wald verstecken zu können. Nun hat Coca Cola die Rechte gekauft, und seitdem ist er rot. Weise Weihnachten finden die meisten Leute toll. Dann singen sie »Schneeröckchen« und sagen Gedichte auf, zum Beispiel »Knechtrubrecht aus dem Walde«. Seit etwa 500 Jahren, also so lange wie die Tanne im Stall, haben wir auch den Adventskranz. Ein Pastor in Hamburg hat ihn für abgedrehte Jungs erfunden. Wenn ich es mir aussuchen könnte, würde ich gerne folgende Gestalten aus der Weihnachtsgeschichte mal kennenlernen: Maria, Jesus und die Renntiere oder den

Hund, der vor der Krippe lag. Zu Weihnachten wird die Himmelstür aufgeschlossen, und der Klerus steht nicht mehr davor rum. Mein liebstes Adventslied ist »Macht hoch die Tür«, denn das soll man immer mit Freunden singen, oder das, wo Josef den Engeln was vorschwebt. Aber dass zu Weihnachten der Rehbock nicht mehr vor der Tür steht, das verstehe ich nicht (hier ist vermutlich das Lied gemeint: »Lobt Gott, ihr Christen alle gleich«, in dem es ja in einer Strophe heißt: »Der Cherub steht nicht mehr dafür, Gott sei Lob, Ehr und Preis«). Aus dem Cherub ist kurzerhand der Rehbock geworden!

Leider laden wohl Lieder mit ihrer oft alten Sprache besonders dazu ein, sich zu verhören. In dem Lied: »Am Weihnachtsbaume die Lichter brennen« heißt es doch in einer Strophe »Zwei Engel sind hereingetreten, kein Auge hat sie kommen sehn«. Rick fragt mich doch tatsächlich, worein denn die Engel getreten sind. Er vermutet eine zerplatzte Weihnachtskugel und wundert sich, dass es die damals schon gegeben haben soll.

Ich jedenfalls wünsche Ihnen und mir, dass die Engel in der Weihnachtszeit überhaupt in unsere Stuben eintreten und dass sie viel Freude mitbringen.

VORLESEZEIT: ca. 5 Minuten

ERZÄHLIMPULSE: Missverständnisse bei biblischen Geschichten und bei Advents- und Weihnachtsliedern bei Kindern und Jugendlichen

Tor!

Bevor ich am Sonntag aufbreche, um hier bei uns den Kindergottesdienst zu halten, muss ich unbedingt im Internet nach den aktuellen Fußballergebnissen schauen. Nicht so sehr, weil ich daran interessiert bin, welche Mannschaft wie gespielt und abgeschnitten hat. Mein Mann schon gar nicht! Vielmehr ist es bezüglich der Stimmung und der Sitzordnung der kleinen Kindergottesdienstbesucher wichtig. Sehen Sie, es ist nämlich so: Wenn Bayern München gewonnen hat, ist Linus obenauf. Er triumphiert und schwärmt für seine Spieler, ihre Tore und Leistungen. Wenn gar Bayern München gegen Werder Bremen gewonnen hat, dann darf er auf keinen Fall neben David sitzen, denn David schwärmt für Werder Bremen. Dass sie in letzter Zeit so oft verlieren, liegt ohnehin nur daran, dass David selbst noch nicht alt und noch nicht groß genug ist, um selbst dort zu spielen. Sofort mit dem Beginn seiner Karriere wird Werder in die Champions League kommen, da gibt es keinen Zweifel. Wenn also Werder verloren hat, kommt David mit einer Leichenbittermiene in den Raum geschlichen. Er ist dann sehr einsilbig, hat keine Lust, etwas zu erzählen, und hängt schlaff in seinem Stuhl. Wir können ihn dann nur damit aufmuntern, dass wir seine speziellen Fähigkeiten als Mose-Experten in Anspruch nehmen. Denn David ist nicht nur gut im Fußball, er ist auch gut in Religion. Er selbst führt das darauf zurück, dass seine Karriere als Kindergottesdienstkind nun schon über sechs Jahre anhält. Er kennt alle Geschichten, manche sogar besser als ich, jedenfalls lasse ich ihn das glauben. Und wenn das der Fall ist, ist das für ihn ein inneres Kreismissionsfest. Das wiegt sogar ein verlorenes Elfmeterschießen der Werderaner auf.

Es geht also im Kindergottesdienst nicht nur um das Vermitteln biblischer Geschichten, sondern auch um Trost und Hilfe, um Rat und Tat. Überhaupt ist die Erzählrunde zu Beginn des Gottesdienstes das Highlight, denn dabei können sich die kleinen Besucher alles von der Seele reden, was ihnen in der vergangenen Woche begegnet ist. Wir erfahren, dass die Großmutter am Morgen schon die gelben »WC-Engel« rufen musste, weil das Auto nicht anspringen wollte. Wir hören von dem Großvater, der alles Geld »verschlempert« hat, und von der »eierigen Mandel«, die dem großen Bruder entfernt werden musste. Danach durfte er »Pottens von Eis« essen. Manche Eltern würden dunkelrot anlaufen, wenn sie wüssten, was wir alles zu hören bekommen. Aber wir sind verschwiegen, leider auch Ihnen gegenüber. Manchmal muss man auch auf eine Pointe verzichten können.

Die Mädchen erzählen vom Reiten und Voltigieren, von Flötenauftritten und vom Einradfahren. Wir erfahren Ergebnisse von Diktaten und Aufsätzen, bekommen aufgeschlagene Knie und Ellenbogen gezeigt, bis die ganze vergangene Woche wie ein aufgeschlagenes Buch vor uns liegt.

Aber zurück zum Fußball. Wenn wir dann im Kindergottesdienst Tulpen basteln, bastelt Linus sieben solcher Blumen und hält sie schadenfroh David vor die Nase, denn sieben zu null hat Bayern gewonnen. Uneingeweihte verstehen das nicht, aber David weiß, was gemeint ist. Hat Werder gewonnen, reibt er Linus fünf Marienkäfer unter die Nase. So geht es hin und her, wird hier ausgeteilt und dort eingesteckt. Aber grundsätzlich haben sich alle irgendwie doch gern.

Wir Erwachsenen lernen dabei so wichtige Dinge wie die Abseitsregel, die Verlängerung oder die Entscheidung über eine Ecke. Und wir merken, wie wichtig es den Kindern ist, zu ihrer Mannschaft zu halten. Ja, und dabei haben wir dann gleich wieder einen Anknüpfungspunkt für die christliche Botschaft, denn auch da ist es wichtig, zu seiner Mannschaft zu halten, zum »Schiff, das sich Gemeinde nennt«. Es fährt durch das Meer der Zeit, und in diesem Meer schwimmt eben auch der Fußball.

VORLESEZEIT: ca. 5 Minuten

ERZÄHLIMPULSE: Fußball und seine Fans, besondere Erlebnisse im Kindergottesdienst oder in Kindergruppen, Gemeinschaft

Prominenz

Als Pfarrfrau gehört man hier in unserem beschaulichen Städtchen automatisch zur Prominenz, was aber nicht immer so nett ist, wie es sich anhört. Es interessiert die Menschen, was wir einkaufen, wohin wir gehen, wohin nicht, wen wir einladen, wen nicht. Und aus mancher Ecke wird unser Leben eben auch besonders beobachtet. Manchmal werden aus den Beobachtungen Rückschlüsse gezogen, die den Tatsachen so gar nicht entsprechen. Am besten wird sein, Ihnen ein Beispiel zu erzählen.

Anlässlich der Goldenen Hochzeit meiner Eltern, die sie bei sich zu Hause feiern wollten, war ich mit zwei Koffern, einer großen Kiste mit Küchenutensilien und mit meinem Bettzeug vom Pfarrhaus aus losgefahren, um die Feier im Hause meiner Eltern mitzugestalten. Schließlich ist ja so eine Goldene Hochzeit nicht in einem Rutsch zu erledigen, also blieb ich eine ganz Woche dort. Mein Mann und persönlicher Hirte konnte erst zur eigentlichen Feier kommen. Die Gemeinde hatte ihn mit einigen unaufschiebbaren Terminen versorgt.

Meine Abreise, vor allem das dabei mitgeführte Bettzeug, hatte offensichtlich jemand beobachtet und daraus den Schluss gezogen, es sei Schluss mit uns. Diese Vermutung hatte man schon lange, weil wir sehr unterschiedlich sind und eigentlich ja auch gar nicht zusammenpassen.

Aus dieser Anfangsbeobachtung wurde eine regelrechte Schlammschlacht. Immer mehr Details wurden gesammelt und gedeutet. Jemand hatte mich mit einem anderen Mann bei einem Spaziergang gesehen. Eine wahrhaft frevelhafte Tat für eine verheiratete Pfarrfrau. Eine Hälfte der Beobachtungsgruppe behauptete, dieser Neue hätte graue Haare, die andere Hälfte wollte bezeugen, dass er blond sei. Dann tauchte das Gerücht auf, ich hätte bereits einen Schlüssel für die Wohnung des Neuen und mein Auto stünde dort sogar über Nacht. Aus Sorge davor, entdeckt zu werden, hätte ich mein Nummernschild abmontiert. Auch vor dem Pfarrhaus wollte man ein fremdes Auto gesehen haben, aus dem eine attraktive Blondine ausgestiegen sei.

In der gehobenen Literatur nennt man dieses Genre »Sex and Crime«, hier nennen wir es einfach Klatsch und Tratsch.

Wie zähe Nebelschwaden zog das Gerücht der Trennung im Pfarrhaus durch die Gemeinde. Wir wurden wöchentlich von unserer Putzfrau über die neueste Entwicklung auf dem Gerüchtemarkt informiert. Beim letzten Stand der Dinge war es so, dass das Pfarrhaus nur noch von den zwei Pfarrhauskatzen bewohnt wurde. Wir beide, so wusste man aus sicherer Quelle, waren bereits beide ausgezogen. Wenn wir einander bei der gemeinsamen Arbeit begegneten, was zwischen einem Pfarrer und einer Diakonin durchaus vorkommen soll, würden wir doch nur gute Miene zum bösen Spiel machen und Harmonie heucheln. Es sollte den Gerüchten zufolge sogar zu einem Gespräch zwischen der Blondine und mir gekommen sein, ebenso wie sich auch mein Mann und sein Rivale in friedlicher Absicht getroffen und ausgetauscht hätten. Verletzte habe es nicht gegeben. Immer mehr Einzelheiten wurden bei der Weitergabe der Nachricht wie in einen bunten Strauß voller Blumen hinzugefügt.

Wie gut, dass solche Blumensträuße irgendwann dann wieder verwelken. So wichtig bin ich dann doch wieder nicht. Und es wird schon Gelegenheit geben, einen neuen Strauß voller unfehlbarer Beobachtungen zu winden, dieses Mal aber bitte mit einer anderen Titelheldin.

VORLESEZEIT: ca. 4 Minuten

ERZÄHLIMPULSE: Klatsch und Tratsch und deren Opfer, eigene Erfahrungen mit Gerüchten

Der Hausbau

Wenn man als Diakonin sein Brot verdient, weiß man gar nicht, wie schwer andere Menschen ihr Brot verdienen. Wir haben kürzlich ein Häuschen gebaut und wissen nun einiges mehr über Handwerker. Die Handwerker wissen dafür einiges mehr über Diakoninnen und Pfarrer.

Maurer essen am liebsten Marmelade, allerdings Maurermarmelade, die man beim Schlachter als Hackepeter kaufen kann. Körnerbrötchen sind nicht so wichtig, Hauptsache viel Marmelade. Das Bier muss nicht alkoholfrei, dafür lieber schön kalt sein. Und wenn die Putzerkolonne kommt, um den Innenputz anzubringen, dann denkt man als Laie, das letzte Stündchen des Hauses sei gekommen, bevor es überhaupt fertig ist. Sie spritzen die graue Masse scheinbar unkoordiniert an die Wände, es zischt, qualmt und heult und ist eine elendige Sauerei. Der Parkettverleger ist ein wortkarger Mann. Wir erfahren nicht einmal seinen Namen und nennen ihn daher bei uns Parkettmann. Ihm genügen offensichtlich sein Holz und sein Kleber.

Die Maler sind die Letzten in der Riege der Handwerker. Sie müssen alles ausbessern, was die anderen nicht richtig gemacht haben. Und sie müssen bei uns in schwindelerregender Höhe die Decke streichen. Ich mag gar nicht hinsehen. Sie machen da oben noch ihre Witzchen.

Der Handwerker, der die Flurtür anfertigen soll, hat sie ganz nach seinem Geschmack gefertigt. So eine glatte weiße Fläche fand er nicht schön. So hat er sich entschlossen, ein Fenster oben anzubringen. Nun versteht er gar nicht, warum uns das nicht gefällt. Jetzt, wo er die Tür doch fertig hat, sollen wir mal ein Auge zudrücken. Wir wollen aber nicht, und nun schmollt er.

Von außen wird das Treiben im Haus sorgfältig beobachtet. Schließlich sieht man nicht alle Tage, wie Pfarrers so wohnen.

Der Architekt schaut immer mal vorbei. Wir kannten ihn schon, als er noch Konfirmand war, und er kennt uns eben auch. Er hat seine Arbeit ganz wunderbar gemacht, und im Gegensatz zu mir, die ich die Pläne nur rudimentär verstehe, sieht er das fertige Haus schon stehen, bevor ich auch nur begriffen habe, wo der Eingang ist. Wir tun gut daran, seinen Vorschlägen zu folgen.

Wir dürfen nicht einfach einen Postkasten kaufen und anbringen. Er muss zum Gesamtkonzept passen. Am Ende befürchte ich, dass ich auch noch bei der Auswahl der Bettwäsche fragen muss, ob das so gehe. Das Klingelschild ist zu dicht am Klingelknopf angebracht, »das knirscht«, sagt er. Ich wusste gar nicht, was man alles falsch machen kann. Was ich auch nicht wusste, ist, wie lange man über Türklinken, Pflastersteine und Farbnuancen reden kann.

Mit dem schwedischen Möbelhaus haben wir täglich Kontakt, denn immer fehlt noch irgendetwas. Gardinen, Spiegelschränke für das Bad, Duschvorhänge. Und alle diese Dinge haben völlig unaussprechliche Namen. Und auch bei ihnen muss man wieder viele Entscheidungen treffen bezüglich Farbe, Größe und Design.

Der Umzug bringt mich an den Rand meiner Kräfte. Was sich da alles angesammelt hat an nutzlosem Zeug im Keller und auf dem Dachboden des alten Hauses. Besonders mein Arbeitszimmer erweist sich als Krisenherd, denn da geben sich Bastelarbeiten, Manuskripte und Arbeitsblätter ein Stelldichein. Wie im Märchen sammeln wir die guten ins Töpfchen, die schlechten ins Kröpfchen, aber immer noch bleibt so viel übrig. Besonders lästig ist es, dass wir uns immer wieder festlesen. Da ist der Brief von der Großmutter, den man so lange nicht in Händen gehalten hat. Hier ein Zeugnis aus der ersten Praktikumsstelle. »Sauber, adrett und pünktlich«, steht dort. Davon kann jetzt gar keine Rede sein. »Staubig, unordentlich, genervt«, müsste dort jetzt stehen.

Als alle Kisten halbwegs gepackt sind, kommt der große Tag des Transportes von A nach B. Die Mannschaft, die uns helfen will, ist ein Traum. Kräftig, fleißig und verschwiegen. Der Wagen steht vor der Tür. Ich habe den Eindruck, alle Kisten tragen das Zeichen »AZ – Rita«, was das Kürzel für mein Arbeitszimmer ist. Dicht gefolgt wird diese Menge allerdings von »B – Michael«, was wiederum das Kürzel für die Bibliothek meines persönlichen

Hirten ist. Dass sich diese Bibliothek später auf der Galerie befinden wird, sollte sich noch als besonderes Problem erweisen, denn wer sollte diese vielen schweren Kisten über die kleine Treppe nach oben schaffen? Aber unsere Mannschaft ist da ganz findig. Sie bilden eine Kette und verfrachten so in Windeseile alle Bücher nach oben. Seither bin ich der Überzeugung, mein persönlicher Hirte habe die größte private Bibliothek nördlich von Rom. Und ich habe den Verdacht, er kauft immer noch weiter neue Bücher. Das neueste heißt: »Wie mäht Mann den Rasen«, denn zu dem Haus gehört auch ein kleiner Garten, dessen Rasen eindeutig sein Aufgabenbereich ist.

Aber zurück ins Chaos, das sich stündlich eher noch zu vergrößern scheint, als dass es kleiner würde. Mein Arbeitszimmer ist mit Kisten vollgestellt, aber der Schreibtisch und der Laptop sind schon nutzbar. Dorthin zieht sich mein Mann mitten aus dem Chaos zurück, denn er hat am Nachmittag noch zwei Trauungen, für die er noch keine zwei Ansprachen hat. So sitzt er im Jogginganzug an meinem Schreibtisch und theologisiert über die Ehe an sich. Um ihn herum tobt das Chaos, er schreibt in einer Seelenruhe, dass es mich ganz kribbelig macht. Hinterher behauptet er, die Predigten seien gerade deswegen so lebendig geworden. Hoffentlich will er das jetzt nicht immer so! Mit Mühe findet er seinen schwarzen Anzug, in den er nun schlüpft, um die beiden Brautpaare zusammenzuschmieden. Den Talar hat er vorsorglich schon in der Kirche gelassen. Eine weise Entscheidung!

Die Küche steht zwar schon, ist aber noch nicht richtig nutzbar, sodass wir eine innige Beziehung mit dem örtlichen Pizzaservice eingehen, der uns und die Mannschaft vor dem Verhungern rettet. Obwohl sie so viel jünger ist als wir, hängen auch sie erschöpft in den Sesseln.

Aber irgendwann ist das Haus dann fertig, alle Möbel sind zusammengebaut und aufgestellt, die Schränke wieder gefüllt, und in der Küche kann man sogar schon die Hand vor Augen sehen. Am Ende aller Schraubarbeiten schenkt mir ein netter Mensch einen Akkuschrauber. Ganz schlechtes Timing!

Nun fehlt nur noch der Haussegen, aber da sitzen wir ja schließlich an der Quelle.

VORLESEZEIT: ca. 8 Minuten

ERZÄHLIMPULSE: Erinnerungen und Erfahrungen beim Hausbau und mit Handwerkern, Erzählungen vom Umzug und dessen Tücken

Technische Tücken

In meinem Büro habe ich einen Anrufbeantworter. Klar, denn ich kann ja nicht jeden Tag im Büro sitzen und trotzdem noch unterwegs sein, um die Seniorenkreise in den Gemeinden zu besuchen. Also können die Anrufer darauf eine Nachricht hinterlassen und ich kann mich dann darum kümmern, wenn ich wieder am Schreibtisch sitze. Leider verstehen der Anrufbeantworter und ich uns nicht immer auf Anhieb. Wenn er eine Nachricht für mich hat, blinzelt er mir mit seinem roten Lämpchen freundlich zu. Dann soll ich ihn anrufen, was ich natürlich dienstbeflissen sofort tue. Beinahe enthusiastisch ruft er mir zu: »Willkommen bei Highpass Expressions!« Dann fordert er mich auf, mein Passwort einzugeben und hinterher die Taste mit dem Quadrat zu wählen, allerdings nur, wenn ich von meinem eigenen Telefon aus anrufe. Gehorsam folge ich seinen Anweisungen. Dann folgt eine eher beleidigt klingende Stimme, die mir fortwährend sagt: »Nachricht liegt vor!« Wenn ich die Nachricht hören möchte, soll ich die Drei wählen. Mach ich, aber die beleidigte Stimme teilt mir mit, meine Mailbox sei besetzt. Wahrscheinlich bin ich selbst dran. So drei bis vier Mal spielt sie das Spielchen mit mir, dann erfahre ich, dass ich vier neue Nachrichten habe, die alle vom Typ Sprachnachricht sind. Möchte ich Genaueres wissen, soll ich erneut die Drei wählen. Schon ein wenig genervt, wähle ich die Drei. Es folgt eine ellenlange Auflistung von Zahlen, die mir alle wenig sagen. Nach gefühlt 30 Minuten habe ich die Anrufe endlich abgehört und kann damit beginnen, die Leute zurückzurufen. Damit muss ich mich aber beeilen, denn in einer weiteren halben Stunde muss ich in ein Gemeindehaus aufbrechen, das sehr weit abseits liegt. Dennoch warten dort viele Senioren auf einen Vortrag von mir.

Mein Navigationsgerät teilt mir mit, dass es erst aktualisiert werden möchte, bevor es weiter mit mir zusammenarbeitet.

Zum Glück habe ich aber ja auch die Wegbeschreibung der Leiterin der Gruppe, die allerdings recht eigenwillig war. An der einzigen Kreuzung des Ortes soll ich noch ungefähr 50 Meter weiterfahren. Dann steht rechts meistens ein kleines gelbes Auto, dort soll ich abbiegen. Toll, und was mache ich, wenn das Auto da nicht steht? Egal, das wird sich finden. Zum Glück bin ich ja eine Frau und kann nach dem Weg fragen. Der Ort ist menschenleer, fragen kann ich also niemanden. Wahrscheinlich sind die alle bei der Veranstaltung, zu der ich auch kommen soll. Das gelbe Auto steht da natürlich nicht. Das wäre ja auch zu einfach gewesen. Also irre ich mehrmals durch die pulsierende Hauptstraße. Plötzlich sehe ich einen Bäckerwagen, dem ich folge, denn wo Seniorenkreis ist, da ist auch Kuchen. Ich rege mich nicht wirklich auf, denn ohne mich fängt es ja sowieso nicht an.

Ich folge dem Bäckerwagen und komme auf diese Weise ganz leicht ans Ziel, fahre also sozusagen dem Duft hinterher. Zum Dank für die Führung zum Ziel meiner Wünsche lade ich die Schwarzwälder Kirschtorte mit dem Bäcker zusammen aus. Der Nachmittag ist schön, die Senioren schwelgen in Erinnerungen an Mini, Mofa, Wirtschaftswunder und singen die Schlager der 60er-Jahre kräftig mit. Nur die junge Pastorin kann nicht mithalten. An die 60er-Jahre kann sie sich nicht erinnern.

Und als der Nachmittag zu Ende ist und ich mich wieder auf den Heimweg mache, steht auch das gelbe Auto dort, wo es schon bei meiner Suche hätte stehen sollen.

VORLESEZEIT: ca. 5 Minuten

ERZÄHLIMPULSE: Umgang mit Technik, Tücken der Technik, merkwürdige Wegbeschreibungen

Vergeben und vergessen

Wenn ich mit meinen 55 Jahren auf die Menschen zurückblicke, die mich begleitet und unterstützt haben, die mir Mentoren und Wegbegleiter waren, dann kann ich dankbar in viele Gesichter schauen. Da ist der Pastor, der mich Junghuhn, das ich damals noch war, ernst genommen hat und mir wertvolle Ratschläge gab. Da ist die Gemeindehelferin, die mir gezeigt hat, wie es gehen kann, mich aber dann doch meinen eigenen Weg hat gehen lassen.

Aber leider waren nicht alle Menschen, die mit mir befasst waren, so hilfreich und positiv. Ich weiß wohl, dass wir als Christen vergeben und vergessen sollen, wenn uns jemand etwas Böses getan hat, aber in diesem Fall will und will es mir nicht gelingen. Vielleicht hilft es, diese Erinnerung aufzuschreiben, um dann ein für alle Mal damit abgeschlossen zu haben, sozusagen den noch immer in mir schwelenden Zorn mit den Buchstaben endgültig zu ersticken.

Auf dem Gymnasium hatte ich eine noch recht junge Deutschlehrerin, zumindest kalendarisch war sie jung. Aber das kalendarische Alter war bei ihr nur eine marginale Wirkungsgröße, denn in ihrer Art, uns zu unterrichten, war sie sehr altmodisch und langweilig. Sich unsere Namen zu merken, das war ihr zu anstrengend. Darum hat sie uns nach der alphabetischen Reihenfolge unserer Nachnamen durchnummeriert. So kam ich zu dem schönen Namen »Nummer 17«. Je länger sie unsere Deutschlehrerin war, desto weniger mochten wir einander. Ich will gerne zugeben, dass ich zu der Zeit auch nicht gerade pflegeleicht und aufgeschlossen war, jedenfalls nicht gegenüber Hans Magnus Enzensberger und seinen Gedichten, an denen sie offensichtlich einen Narren gefressen hatte. Ich war heftig mit Flirten beschäftigt und hatte für ihre germanistischen Höhenflüge nur wenig Sinn.

Kurz vor dem Abitur, das ich trotz mancher amüsanter Ablenkung doch irgendwie schaffte, fragte sie uns eines Tages nach unseren Berufswünschen. Bevor ich ihr meinen damaligen Traumberuf »Erzieherin« schildern konnte, sagte sie diesen Satz, der mich nun schon seit 1977 begleitet. »Fräulein Schwarze!«, sagte sie, denn so hieß ich damals noch, »Fräulein Schwarze, machen Sie in Ihrem Leben nie etwas, das mit Sprache zu tun hat. Sie können sich weder mündlich noch schriftlich adäquat ausdrücken!« Dieser Satz hat sich mir ins Gedächtnis gebrannt. Ich höre noch den etwas süffisanten Tonfall, in dem sie ihn sagte, und sehe noch den für meinen damaligen Geschmack ausnehmend hässlichen Pullover, den sie trug.

Mit diesem Stempel auf der Seele ging ich also in die Erzieherausbildung, und dem Fach Deutsch begegnete ich dort mit gemischten Gefühlen. »Du kannst dich nicht ausdrücken! Weder mündlich noch schriftlich! Schwarze, setzen!«

Aber da war dann alles ganz anders. Ein junger und dynamischer Deutschlehrer war von meinen Arbeiten begeistert, fand meine Sprache witzig und spritzig, ermutigte und unterstützte mich ganz wunderbar. Heute ist er übrigens mein bester Freund.

Als ich dann irgendwann mit dem Schreiben von Geschichten und Erzählungen begann, stand immer mal wieder diese Deutschlehrerin unaufgefordert in meinem Arbeitszimmer und schüttelte den Kopf, weil ich etwas tat, was ich nach ihrer fachlichen Einschätzung doch gar nicht konnte.

Leider finde ich ihre Adresse nicht. Ich hätte ihr zu gerne ein kleines Paket mit Büchern aus meiner Feder geschickt. Sie würde sicherlich gleich ihren Rotstift nehmen und die stilistischen Fehler alle anstreichen. Nach Rechtschreib- und Kommafehlern würde sie dank meiner hervorragenden Lektorin vergeblich suchen. »Aber der Stil, Fräulein Schwarze, der Stil! Und dann diese eher trivial anmutenden Geschichten? Was ist denn Ihre erzählerische Absicht?« Amüsieren, unterhalten und Erinnerungen zu wecken wären sicherlich mit einem Federwisch vom Tisch gefegt worden als nicht tiefgründig genug.

Jeder, der mit Menschen umgeht, steht in der Gefahr, vielleicht sogar ganz unbedacht solche Sätze zu sagen und damit Menschen in eine bestimmte Schublade zu stecken, aus der sie nicht wieder herauskommen. Ich jedenfalls habe mir vorgenommen, mit solchen Urteilen über Menschen ganz, ganz vorsichtig zu sein. Sie sitzen tief, solche Urteile, und manchen gelingt es nicht so gut, sich daraus zu befreien. Vielleicht muss ich meiner damaligen Deutschlehrerin im Nachhinein aber sogar dankbar sein, weil sie mich mit diesem in Stein gemeißelten Satz herausgefordert hat, zu zeigen, wie die Harke auf dem Stiel sitzt. Ein gewisser Trotz steckte ja schon damals in mir.

Ich nehme mir hier und jetzt vor, den Satz zwar nicht zu vergessen, es ihr aber nicht mehr übel zu nehmen. Und ich sollte vielleicht mal wieder Hans Magnus Enzensberger lesen.

VORLESEZEIT: ca. 5 Minuten

ERZÄHLIMPULSE: Erinnerungen an die Schulzeit und an besondere Lehrer, gute und schlechte Mentoren, Umgang mit Prägungen, Festlegungen und als ungerecht empfundene Urteile und unser Umgang damit

Lolita

Als ich noch ein kleines Mädchen war, was nun aber auch schon 50 Jahre her ist, schwärmte ich für die Sängerin Lolita. Ihre Schlager wie »Der weiße Mond von Maratonga« und »Seemann, deine Heimat ist das Meer« konnte ich auswendig mitsingen. So lag es nahe, dass ich auch meine erste Puppe Lolita nannte. Es war, oder besser es ist eine Schildkrötpuppe, denn ich habe sie immer noch. Sie sitzt in meinem Arbeitszimmer und schaut mir bei meinem Tastengeklapper immer direkt auf die Tastatur.

Im November war es früher immer so, dass die Puppe auf einmal einfach verschwand. Darüber war ich anfangs sehr beunruhigt, war ich doch sicher, dass ich sie nirgendwo vergessen oder liegen gelassen hatte. Aber so sehr ich auch suchte, Lolita war weg. Regelmäßig erschien sie zu Weihnachten wieder! Dann hatte sie neue Kleider, manchmal auch einen Pullover oder eine Bluse. Heute weiß ich natürlich, dass meine Mutter, sobald ich im Bett war, die neue Puppenkleidung auf ihrer alten Singer-Nähmaschine genäht hatte. Zu Weihnachten waren wir also wieder vereint und es war noch viel schöner, mit ihr zu spielen. Ich konnte sie je nach Anlass und Tageszeit passend umziehen, und wir hatten viel Spaß miteinander.

Irgendwann hörte dieses Ritual aber natürlich auf, weil meine Interessen sich verlagert hatten. Ich wünschte mir einen Plattenspieler und die neueste Mode, Bücher und Handtaschen. Aber Lolita blieb. Aus lauter Mitleid hat meine Mutter ihr inzwischen gealtertes und zerrissenes Kleid dann einmal durch ein Strickkleid ersetzt. Weil sie ja wusste, dass ich nicht mehr mit der Puppe spielen würde, wurde es ein eher langweiliges Kleid aus weißer und lila Wolle, das Lolita nun Jahr um Jahr tragen musste.

Sie machte viele Umzüge mit. Schließlich stellte ich sie auch meinem Mann vor und erzählte von ihrem Namen und davon, was wir miteinander erlebt hatten.

Im letzten November sprachen meine Mutter und ich nach langer Zeit mal wieder über die Puppe und ich beklagte ihre bedauernswerte Garderobe. Nun, in mein Arbeitszimmer darf wegen der eigenwilligen Ordnung darin ohnehin kaum jemand, aber irgendwie tat mir Lolita doch leid.

Was soll ich sagen, am Ende des Besuches meiner Mutter bei mir war Lolita weg. Ich fühlte mich ein bisschen wieder so, als ob ich fünf Jahre alt wäre. Die Besorgnis war nicht ganz so groß wie früher, aber ich suchte doch nach ihr. Wer sollte mir denn in der Zwischenzeit auf die Finger und auf mein Tastengeklapper schauen, wenn ich schreibe?

Zu Weihnachten war Lolita wieder da. Sie trägt jetzt ein wunderschönes Kleid aus grau und schwarz gestreifter Seide. Das Kleid hat einen Spitzenkragen und elegante Rüschen am Saum, Puffärmel und einen feinen Gürtel, mit dem man eine Schleife binden kann. Wie die feinen Damen hat sie ein Stirnband aus schwarzer Spitze. Sie hat sogar Schuhe bekommen, aber die sieht man unter dem bodenlangen Kleid nur dann, wenn sie sich setzt.

Und – Ihnen kann ich es ja sagen – sie hat jetzt sogar Unterhosen.

Wissen Sie was? Es ist schön, manchmal wieder ein kleines Mädchen zu sein.

Beim Schreiben dieser Geschichte hat sie übrigens mit ihren langen Wimpern geklimpert. Ich habe es genau gesehen.

VORLESEZEIT: ca. 4 Minuten

ERZÄHLIMPULSE: Spiel mit Puppen in der Kindheit, Kleidung für Puppen, Adventszeit und ihre besonderen Bräuche, jährlich umdekorierte Schaukelpferde oder Aufbauten für Spielzeugeisenbahnen

Einkaufschaos

Wenn zwei oder gar drei Feiertage vor uns liegen, starten die Menschen einen Einkauf, der solche Dimensionen annehmen kann, als gäbe es Ewigkeiten lang nichts mehr einzukaufen. Dabei ist es egal, ob Weihnachten, Ostern oder Pfingsten ist. Die Einkaufswagen sind bis an den Rand voll. Die Kassen sind überfüllt, die Laune ist meistens schlecht. Wenn ich an der Kasse endlich dran bin, ist die Rolle für die Kassenbons alle. Gerne hat auch der Kunde vor mir vergessen, die Tomaten abzuwiegen, und die Kassiererin muss zum Obst- und Gemüsestand an die Waage gehen, um das Versäumnis nachzuholen. Oder die alte Dame vor mir sucht umständlich in ihrer Geldbörse nach Kleingeld, um dann beim letzten fehlenden Cent festzustellen, dass es leider doch nicht reicht.

Ich bewundere die Verkäuferinnen, die auch bei den absonderlichsten Wünschen noch freundlich und gelassen bleiben können.

Wir haben hier in der Nähe ein ganz exzellentes Fischgeschäft, das vor solchen Fest- und Feiertagen proppenvoll ist. Die Leute stehen in Schlangen, die so aussehen wie der Canal Grande in Venedig von oben. Da will doch tatsächlich jemand 15 geräucherte Forellen kaufen. Stimmt, das ist an sich noch nichts Ungewöhnliches, aber er will sie einzeln verpackt haben. Einen Moment lang bin ich versucht, 36 Nordseekrabben zu bestellen, die ich auch einzeln verpackt haben möchte. Aber ich lasse es, das gibt bloß Ärger, denn so viel Humor haben die gestressten Einkäufer meistens nicht.

Der ältere Herr vor mir kann bei dem Stimmengewirr in dem Laden gar nichts hören. Sein Hörgerät kann nichts mehr orten, und so merkt er gar nicht, dass er schon an der Reihe ist. Mehrfach wird er aufgerufen. Dann sucht er umständlich nach dem Einkaufszettel, den seine Frau ihm mitgegeben hat. Leider ist seine Brille durch die Wärme im Raum und wohl auch wegen seiner Aufregung ganz beschlagen. Er kann nichts lesen. So dauert sein Einkauf besonders lange. Er möchte 50 Gramm von diesem Salat und 50 Gramm von jenem. Dann sucht er noch einen Aal aus. Der erste ist zu groß, der zweite zu klein. Der dritte sieht so hell aus und beim vierten schlägt die Pelle so komische Wellen. Man merkt, der Einkauf bringt ihn an den Rand seiner Möglichkeiten. Endlich ist alles ausgesucht und eingepackt, und mit einem Seufzer der Erleichterung verlässt er den Laden. Nach einigen Minuten kommt er allerdings ganz zerknirscht wieder.

Beim Ausparken hat er den Wagen, der neben ihm stand, touchiert. Auf seinen kleinen Zettel hat er das Kennzeichen geschrieben, das er nun ausruft. Fünfzig Leute im Laden atmen erleichtert aus, als sie merken, dass es ihr Kennzeichen nicht ist. Einer nicht. Der stürmt nun nach draußen, nicht ohne darum zu bitten, dass ihm sein Platz in der Schlange erhalten bleiben möge. Und weil wir alle so erleichtert sind, dass wir nicht betroffen sind, stimmen wir seiner Bitte gerne zu.

Am Ende ist die Schramme nicht allzu schlimm, und beide scheiden in festtäglicher Versöhnung voneinander.

VORLESEZEIT: ca. 4 Minuten

ERZÄHLIMPULSE: Einkaufen vor den Festtagen, Warteschlangen

Öffentliches Leben

Auf einem Campingplatz lebt man sehr öffentlich. Das dünne Tuch des Zeltes schützt einen zwar wenigstens halbwegs vor den Blicken der anderen. Geräusche allerdings vermag ein Zelt nicht abzuschirmen. Nächtliches Schnarchen dringt ebenso nach außen wie kleine Streitereien, die es ja zweifellos auch im Urlaub gibt. Aber da sind mein Mann und ich nun deshalb einigermaßen sicher, weil wir uns auf einem Campingplatz im tiefsten Süden Italiens befinden, wo man allenfalls schon mal davon gehört hat, dass es auch Deutsche gibt, deren Sprache aber eher wie eine Halskrankheit klingt. Die Deutschen sind in der Lage, mehrere Konsonanten nacheinander auszusprechen. Und manche ihrer Worte enden sogar mit einem Konsonanten, für einen Italiener undenkbar. Heißt jemand Werner, so fügen sie seinem Namen ein o hinzu, sodass er fortan Wernero heißt. Und so ein Wort wie »Pflaumenkuchen« kann kein Italiener aussprechen, ohne dabei sein Gegenüber unfreiwillig mit Spucke zu duschen.

Unser öffentliches Leben auf dem Campingplatz auf Parzelle 239 beginnt bereits morgens um 5.00 Uhr, denn die Nachbarin zur Linken beginnt um diese Zeit mit der Vorbereitung ihres Mittagessens. Mein Mann nennt so etwas senile Bettflucht. Lilia nennt es zeitnahe Vorbereitung. Sie brät große

Mengen Knoblauch an, eine für meinen Magen- und Darmtrakt zu dieser frühen Stunde arge Herausforderung. Ich kann bei der aufkommenden Wärme ohnehin nicht mehr schlafen und stehe auf, lege mich in den Liegestuhl und beobachte hinter meiner dunklen Sonnenbrille das italienische Treiben um mich herum, während ich den Anschein erwecke, nun im Liegestuhl weiterzuschlafen. Lilia bereitet nach der Knoblauchaktion nun den Ton vor, aus dem sie in den Stunden des späten Vormittags kunstvolle Skulpturen herstellen wird. Sie nennt es Kunst, wir nennen es Kitsch, aber das weiß sie nicht und soll es auch nicht erfahren.

Wenig später steht auch der Nachbar zur Rechten auf, allerdings nicht so sehr um seiner selbst willen oder aus eigener Motivation. Es ist vielmehr der Hund, der seinen ersten Morgenspaziergang mit den dabei notwendigen Geschäften erledigen will. Beide unterhalten sich so leise, wie das für einen Italiener eben möglich ist, will also sagen, sie sind laut. Wenn die beiden zurückkommen – ich kenne das schon –, muss ich meine antiseptische Salbe holen, denn der Hund beißt bei der Rückkehr seinen Herrn gerne in die Hacken, vermutlich aus Erleichterung. Das Herrchen ist darüber ebenso empört wie besorgt, denn schließlich hat er den Hund aus dem Tierheim geholt, und das ist nun der Dank. Dieser Nachbar ist übrigens ein echter Künstler mit Ausstellungen bis nach Kyoto, New York und Tokio. Wir bewundern später seinen Katalog, über den wir wegen der vielen Fehler in der deutschen Übersetzung aber leider auch sehr lachen müssen.

Wenn dann ringsherum die Espressomaschinen zu dampfen beginnen, ist die Nacht endgültig vorüber und der Tag übernimmt wieder das Regiment zwischen den Parzellen. Frühstück ist ja für die Italiener eher eine Pflichtübung. Sie schlürfen einen kleinen Café, der ähnlich wirkt wie eine Aufputschtablette, und zerreißen dabei ein Hörnchen in kleine Stücke, die sie sich in den Mund schieben, wenn sie nicht gerade etwas sagen wollen.

Dann beginnt das Tagwerk der Camper. Santolo gibt den Jungen und Mädchen um sich herum Nachhilfe in Latein, sehr zu deren Begeisterung, wie man sich vorstellen kann. Aber man muss ja bedenken, dass die italienischen Familien hier bis zu drei Monate verbringen. Da ist ein bisschen Lernstoff nicht unbedingt hinderlich. Immer, wenn einer eine richtige Antwort gibt, ruft Santolo laut: »Essatamente!«, was auf Deutsch »genau!« bedeutet. Er hat eine Stimme, als hätte er heute Nacht den Lautsprecher der Diskothek verschluckt. Aber so haben wir alle Gelegenheit, uns über die richtige Antwort mitzufreuen. Nachmittags verlegt er die Schulstunde an den Strand. Dort unterrichtet er allerdings Griechisch. Warum oben Latein und unten Griechisch, das mag der liebe Herrgott wissen.

Die drei Mädels im Zelt hinter uns kommen frisch geduscht aus den sanitären Anlagen und ziehen sich ihre Judoanzüge an. Man muss nämlich wissen, dass sie bald nach der Rückkehr einen wichtigen Wettkampf mit einer noch wichtigeren Prüfung zu bestehen haben. Ich tippe darauf, dass Rosa gewinnt, aber um das wirklich beurteilen zu können, müsste ich etwas von Judo verstehen. Tu ich aber nicht. Also staune ich nur über die eleganten Bewegungen und vertiefe mich ansonsten in meine Lektüre.

Toni hinten rechts probiert mal kurz, ob der Prosecco noch genauso gut ist wie gestern Abend. Ist er.

Inzwischen packen die Urlauber, die nur zwei Wochen zum Ausspannen hier sind, die nötigen Utensilien für den Strand. Wir nehmen dazu nur zwei Handtücher und etwas zum Lesen mit, während es bei den Italienern immer so aussieht, als wollten sie die nächsten zwei Wochen am Strand verbringen. Spielzeug für die Bambini, Luftmatratzen, für jeden zwei Handtücher, ein Radio mit Verstärker, Speisen und Getränke für mehrere Tage, aufblasbare Gummitiere für das Wasser, pro Person mindestens ein Handy – was man eben so braucht. Auch wir reihen uns ein und vertauschen nun für ein paar Stunden das öffentliche Leben auf dem Campingplatz mit dem öffentlichen Leben am Strand. Wir bestaunen das Fahrrad, das sich Enrico auf ein Surfbrett montiert hat und mit dem er nun über das Wasser gleitet. Wir warten auf Filipe, der immer so gegen 11.00 Uhr auf einen Aperitif mit seinem Pferd den Strand entlanggeritten kommt.

Wir gehen ins Wasser und wieder heraus, stehen am Strand und quatschen, legen uns in die Sonne und gehen wieder ins Wasser.

Gegen 13 Uhr werden die nötigsten Sachen wieder zusammengepackt und nach oben auf die Parzellen gebracht, wo nun das Mittagessen beginnt. Wir müssen unbedingt von den Muscheln probieren, die Beppe heute zubereitet. Und natürlich auch von den Linsen, die Lilia in den Unmengen von Knoblauch gekocht hat.

Um 14 Uhr muss alles fertig sein, einschließlich Abwasch, denn dann beginnt »il momento di silenzio«, also die Ruhezeit, über deren Einhaltung Lilia strengstens wacht. Wehe, jemand macht einen Mucks. Sie war mal ein Jahr in Deutschland, daher wohl diese preußische Ordnung und deren autoritäre Durchsetzung.

Nach zwei Stunden ist »il momento di silenzio« vorbei und der Zug macht sich erneut auf den Weg zum Strand, um dort wiederum zwei Stunden zwischen Wasser und Sand hin- und herzulümmeln.

Dort, wo der Weg vom Campingplatz zum Strand hinunterführt, hat ein österreichisches Ehepaar einen Wohnwagen, der eher wie eine Zweitwohnung mit dazugehörigem Garten aussieht. Heute Nachmittag will Ferdinand endlich einmal sein Walkie Talkie ausprobieren. Er bleibt oben, während sein Mariandl an den Strand geht, selbstverständlich mit dem zweiten Gerät. Wenn sie unten angekommen ist, ruft er von oben in sein Kommunikationsgerät

»Mariandl? Hörscht mi?« Das ruft er allerdings so laut, dass man es auch ohne Gerät problemlos verstehen kann. Mariandl weiß nicht, wo sie drücken muss, und ruft ihre Antworten deshalb einfach so nach oben.

Als wir noch Papst waren, also Benedikt XVI. den Stuhl Petri innehatte, musste ich auf das drängende Bitten unserer italienischen Freunde seine Rede, die er nach seiner Wahl vom Balkon des Petersdoms gehalten hatte, mehrere Mal nachmachen. Mit meinem deutschen Akzent klang das ganz genauso wie bei ihm. Diese Situation hatte ihre besondere Komik. Stellen Sie sich doch bitte einmal eine Gruppe von Männern und Frauen in unterschiedlichen Bräunungsgraden vor, die bis zu den Knien im Wasser stehen, und eine rothaarige Deutsche in deren Mitte macht den Papst nach. Zum Brüllen.

Wenn die Sonne hinter dem dritten Felsen rechts verschwindet, zieht die Karawane wieder nach oben. Dort beginnt dann der Sturm auf die sanitären Anlagen. Schließlich muss man sich für den Abend aufhübschen. Mit Handtuch und Seife stehen wir Schlange. Das tun die Italiener gerne, bietet doch diese Wartezeit viele gute Gelegenheiten für ein weiteres Schwätzchen. Dabei lobt jeder seine eigene Heimatstadt zur schönsten Stadt Italiens aus. So etwas nennt man bei uns Kirchturmsdenken.

Einige belagern das zum Campingplatz gehörige Restaurant, andere schrubben ihre Muscheln und

Fische an den dafür vorgesehenen Stellen. Muntere Grillfeuer beginnen zu flackern. Der Wein wird geöffnet und verkostet. Die Gespräche werden jetzt noch ein wenig lauter und fröhlicher, wenn der Geräuschpegel überhaupt noch steigerbar ist. Manche haben ihr Zelt beleuchtet wie andere ihre Häuser zu Weihnachten. Wir haben nur eine kleine Laterne mit einer Kerze, denn wir wollen nun Sterne gucken und nicht mehr so viel reden. Das überlassen wir gerne den anderen, die das dann auch bis tief in die Nacht reichlich tun.

Hin und wieder vergessen sie dabei, dass wir beiden der italienischen Sprache durchaus mächtig sind. Die Gesprächsthemen werden sehr privat, sodass einige am nächsten Morgen durchaus Grund hätten, ein wenig zu erröten.

Wenn alle längst im Bett beziehungsweise auf der Luftmatratze sind, kommt Virgilios große Stunde. Er hat eine Trommel mitgebracht, mit der er sich direkt an die Klippen setzt, die zum Strand hinunterreichen. Dummerweise hat er sich dazu die Klippe vor Parzelle 239 ausgesucht. – Sie erinnern sich sicher daran, dass das unsere Parzelle ist! Gestern hatte ich ihm noch scherzhaft vorgeschlagen, er könnte für seine Kommunikationsversuche gerne mein Handy benutzen. Er fühlte sich verschaukelt und trommelte weiter. Heute verlasse ich die dürftige Geborgenheit meines Zeltes und zücke mein Schweizer Offiziersmesser. Keine Angst, ich tue Virgilio nichts, aber ich zeige es ihm im milden

Licht des Mondes und der Sterne und verspreche ihm, in dieser Nacht die Trommel mit meinem Schweizer Messer in die ewigen Jagdgründe zu bringen, wenn er nicht augenblicklich Ruhe gibt. Er murmelt etwas, das sich wie »strega« anhört. Das heißt Hexe. Schließlich habe ich rote Haare, da kann man als Italiener nie wissen. Aber immerhin hilft meine Drohung. Es kehrt nun wirklich Ruhe ein, und das öffentliche Leben schweigt für ein paar Stunden, um dann morgen früh mit den üblichen Ritualen von Neuem zu beginnen. Als ich wieder in mein Zelt krieche, denke ich an Jan Weiler und seinen schönen Satz: »Italiener sind ein Genpool des Chaos«, den er in seinem entzückenden Roman »Maria, ihm schmeckt's nicht!« von seinem Titelhelden sagen lässt. Er hat ja so recht! Ich vermute sogar, er war mal hier auf diesem Campingplatz.

Aber schön ist es doch. Jedenfalls fahren wir nächstes Jahr wieder hierher. Und das Schweizer Messer nehme ich auf jeden Fall mit. Sicher ist auch Virgilio wieder da. Und wer weiß, vielleicht ja auch seine Trommel.

VORLESEZEIT: ca. 15 Minuten

ERZÄHLIMPULSE: Reisen, kuriose Reisegenossen, Italien, chaotische Zustände in Gemeinschaften

Geschenke aus der Gemeinde

Als Pfarrer oder als Diakonin bekommt man gerne auch mal ein Geschenk aus der Gemeinde. Fromme Büchlein sind darunter, die Bibel vom Großvater, Blumen, Unmengen von Schokolade, Wein, Sekt und viele Stehimwegs. Stehimweg nennen wir kleine Figuren, deren Sinn sich nur schwer ermitteln lässt. Sie stehen dann halt im Weg und sammeln Staub an, den wir beim wöchentlichen Rundgang sorgfältig wieder entfernen müssen.

Die Patentante meines Mannes schenkte ihm zur Ordination ein selbst geknüpftes Kissen. Als Motiv wählte sie die betenden Hände von Dürer, ein für einen Pfarrer ja durchaus passendes Motiv. Bei der Farbauswahl hat sie allerdings die für dieses Motiv sehr eigenwillige Kombination von Grasgrün und Orange gewählt. Wir finden uns ja selbst undankbar, denn sie hat das Kissen mit ihren alten Händen und Augen sicherlich in mühevoller Kleinarbeit geknüpft, aber wir mögen es nun mal nicht leiden. Wegwerfen geht gar nicht, also verschwindet es im unteren Fach des Kleiderschrankes. Sollte sie uns einmal besuchen, müssen wir es ja aufs Sofa legen.

Manche Geschenke sind allerdings auch sorgfältig ausgewählt. Ein italienisches Kochbuch, genau der richtige Rotwein, die Lieblingspralinen meines Mannes, ein Halstuch in meinen Farben. Solche Geschenke sind besonders schön, weil sich da jemand viele Gedanken darüber gemacht hat, was uns wohl freuen könnte.

Neulich bekamen wir ein ganz besonderes Geschenk. Anlässlich einer Ausstellung hatte eine begabte Künstlerin unseres Ortes Bilder von Sternenwelten und Menschenkindern gemalt. Zu den ausgesuchten Menschenkindern, die da porträtiert wurden, gehörten auch mein Mann und ich. Wir durften vorher ein Foto abgeben, auf dem wir uns selbst gerne leiden mochten. Daraus entstanden dann zwei sehr schöne Gemälde, auf denen man uns nicht nur problemlos wiedererkennen könnte, sondern die auch unsere besonderen Merkmale hervorhoben. Die Ausstellung war ein voller Erfolg. Natürlich waren wir als Gäste geladen.

Dann geschah eine ganze Weile nichts. Zu Weihnachten stand plötzlich ein großes Paket vor der Tür, dessen Form und Größe mich gleich an die beiden Porträts erinnerte. Und wirklich: In dem Paket waren die beiden Gemälde! Ein wunderschönes und sehr wertvolles Geschenk. Aber wo sollten wir damit hin? Sollte mein Mann in meinem Arbeitszimmer hängen? Das geht gar nicht, denn dann sieht er ja, dass ich Solitär spiele, obwohl ich vorgegeben habe, dringend eine Predigt schreiben oder Unterrichtsvorbereitungen treffen zu müssen. Verrat, Verrat! Soll ich selbst in meinem Arbeitszimmer platziert werden? Dann rügt mich das Bild, wenn ich Unsinn schreibe oder mir nichts einfällt. Außerdem muss ich dann immer an die Woche in der Toskana denken, bei der das Bild aufgenommen worden ist, aus dem das Porträt dann entstanden ist. Das blockiert die Kreativität oder lässt einen von der eigentlichen Arbeit abschweifen.

Soll ich in meines Mannes Arbeitszimmer hängen oder wir beide im Wohnzimmer? Oder im Flur? Wenn ich dann noch ganz verwuschelt aus dem Schlafzimmer komme, sehe ich mich gut gestylt dort hängen und brauche noch länger im Badezimmer, weil ich der Vorlage nahezukommen versuche.

Mein Mann ist im Talar abgebildet. Wie soll er sich beim Anblick dieses Bildes fühlen, wenn er im Jogginganzug am Schreibtisch sitzt und seine Predigt schreibt?

Einstweilen stehen wir beide also noch im Wohnzimmer auf dem Fußboden. Wir stellen uns immer mal hierhin und mal dorthin, sind aber mit keinem Ort so richtig zufrieden. Wenn Sie eine Idee haben, schicken Sie uns doch bitte eine Mail. Die Adresse lautet: ritakusch@web.de.

Auf jeden Fall bedanken wir uns herzlich bei der Künstlerin. Ich widme ihr diese Geschichte und hoffe, dass sie weiß, wo sie mit ihr hinsoll.

VORLESEZEIT: ca. 5 Minuten

ERZÄHLIMPULSE: ungewöhnliche Geschenke, verschiedene Geschmäcker, Kuriositäten

Die Katzen meines Lebens

Ich bin eine ausgesprochene Katzenliebhaberin. Als ich ungefähr sieben Jahre alt war, bin ich mit meinen Eltern in ein altes Bauernhaus gezogen, in dem zwar keine Menschen mehr wohnten, dafür aber noch eine alte Katze. Anfangs war sie uns gegenüber sehr misstrauisch, was sich aber durch regelmäßige Fütterungen bald legte. Als sie Junge bekam, schenkte sie mir ein kleines Kätzchen. Besser gesagt, sie warf es mir vor die Füße, weil sie lieber schnell wieder auf Brautschau gehen wollte. Ich päppelte das Kätzchen mit einer kleinen Trinkflasche auf, und es begann eine lange Freundschaft zwischen uns.

Ich hatte gehört, dass Katzen am liebsten Namen mit den Buchstaben A, U und I hören, was die Wahrscheinlichkeit, dass sie gehorchen, wenigstens ein wenig ansteigen lässt. Aber mir gefiel ja gerade die Eigenwilligkeit der Tiere, und darum nannte ich sie Käthe.

Mit den Jahren kamen noch einige Katzen hinzu, und als ich dann irgendwann von zu Hause auszog, blieben die Katzen bei meinen Eltern. Ich lernte meinen Mann kennen und infizierte ihn mit meiner Katzenliebe. Anfangs fand er sie zwar nett, aber irgendwie doch eher furchterregend. Susi allerdings eroberte sein Herz im Sturm. Die Familie, von der wir sie hatten, bekam weiteren Katzennachwuchs.

Weil sie aber schon vier Katzen hatten, brachte die Frau des Hauses eines Tages ein kleines Katzenbaby in einer weißen Ledertasche zu uns, sodass fortan Tante und Nichte bei uns ihr Zuhause fanden. Eingedenk der Namensregel hießen sie Susi und Luci. Sie zerlegten in Gemeinschaftsarbeit eine Wohnzimmercouch, obwohl sie natürlich einen Kratzbaum hatten, den sie jedoch nur zu gelegentlichen Mittagsschläfchen, niemals aber zum Schärfen der Krallen benutzten. Sie schenkten meinem Mann großzügig etwas von ihren wärmenden Haaren, die auf seinem schwarzen Anzug allerdings weniger schmückend waren als an ihnen selbst.

Luci entwickelte ganz entzückende Eigenschaften. Wenn wir, was gelegentlich vorkommt, morgens mal im Bett frühstücken wollten, bereitete ich die Köstlichkeiten vor und drapierte sie auf einem rollbaren Teewagen, um sie damit ins Schlafzimmer zu fahren. Sobald Luci das Geräusch der Räder hörte, kam sie in die Küche und stieg auf die untere Etage, um mitzufahren. Wir fanden das so putzig, dass sie natürlich etwas vom Frühstücksei abbekam.

Wenn es, wie bei uns an der Küste üblich, in den Sommermonaten Nordseekrabben gab, die ich am Küchentisch selbst auspulte, gab es ein sehenswertes Schauspiel. Beide Katzen umschnurrten mich, um möglichst viele der Krabben probieren zu können. Dauerte es zu lange, bis ich ihnen wieder ein Stück zugestand, machten sie mit einem freundlichen Pfotenhieb auf sich aufmerksam.

Wurde Luci am Abend müde, ermahnte sie mich mehrmals, dass wir nun zu Bett gehen müssten, denn wie alle Katzen von Katzennarren durfte sie in meinem Bett schlafen.

Zu den beiden Katzen im Haus gesellte sich dann noch ein streunender Gartenkater, der uns zugelaufen war. Er wollte aber nicht ins Haus, sondern war nur an den regelmäßigen Fütterungen interessiert, die er aber am liebsten aus der Hand des Hausherrn entgegennahm. Ich hatte mal versucht, ihn anzufassen. Das nahm er übel. Manchmal kam er arg mitgenommen von seinen Ausflügen zurück. Ein Ohr war eingerissen, der Schwanz hatte einen Knick und sein Fell war strubbelig. Wenn die Fütterung zu lange auf sich warten ließ, sprang er mit einem Satz von außen auf die Fensterbank des Küchenfensters und gab dort laut seine Bestellung auf. Am besten verstand er sich mit den Brüdern der Landstraße, die manchmal bei uns im Garten ein Nickerchen machten. Ich vermute, es handelte sich um viele gemeinsame Erfahrungen, die Kater und Brüder da hatten machen müssen.

Als mein Mann einmal eine alte Frau besuchte, die sich langsam von dieser Welt verabschiedete, bescherte uns das eine vierte Katze. Nuschi, so hieß die ebenfalls bereits betagte Katzendame, hatte lange Jahre mit ihrem Frauchen eine Dackelzucht geleitet und war nun als einziges Tier der alten Dame übrig geblieben. Die alte Dame konnte es nicht übers Herz bringen, Nuschi ins Tierheim zu geben. Das Versprechen meines Mannes, sie käme dann zu uns, wenn sich keine andere Lösung fände, half der alten Dame, in Frieden gehen zu können. So zog Nuschi bei uns ein. Bei uns im Haus entbrannte ein Kleinkrieg zwischen den drei Damen. Man belagerte sich gegenseitig, kämpfte um die liebsten Schlafplätze und vor allem wohl um unsere Gunst. Wenn es gar zu arg wurde, verordneten wir ihnen eine Therapie, die darin bestand, dass alle drei für eine Stunde in ein kleines Zimmer gesperrt wurden. Denn sobald wir weg waren, verstanden sie sich wunderbar. Jede war einzigartig, hatte einen eigenen Charakter, eigene Marotten und vor allem aber einen eigenen Kopf.

Nach und nach mussten wir uns von allen Katzen verabschieden, tränenreich, wie all diejenigen unter Ihnen verstehen werden, die auch ein Tier haben oder hatten.

Nun haben wir keine Katze mehr. Die Sofas halten viel länger und wir können dunkle Kleidung ganz ohne Katzenhaare tragen, aber es ist auch ein bisschen einsamer ohne sie.

VORLESEZEIT: ca. 7 Minuten

ERZÄHLIMPULSE: Katzen, Haustiere allgemein, persönliche Vorlieben in Bezug auf Tiere, Erlebnisse mit Tieren

Silber

Wenn man lange genug verheiratet ist, hat man irgendwann Silberhochzeit. So eine Silberhochzeit ist bei uns im Ammerland ein Fest, das von vielen Ritualen umgeben ist, die uns, je näher das Silber uns auf den Pelz rückte, mehr und mehr Kopfzerbrechen bereiteten. Es ist hier nämlich so: Zunächst wird die Tür des Hauses vermessen, in dem das Silberpaar lebt. Entsprechend der Maße fertigen die Nachbarn dann einen Kranz an. Dann gibt es ein silbernes Gepolter, einen Tag später ein rauschendes Fest in einem Lokal mit viel Essen, Gesang und Tanz. Dann wird noch in der Silberhochzeitsnacht die Krone, die anlässlich der Silberhochzeit gebunden worden ist, zu dem Paar getragen, das als nächstes Silberhochzeit feiern wird. Und obwohl man eigentlich bereits den ganzen Abend gegessen hat, werden zu dieser nächtlichen Stunde beim Kroneüberbringen dann noch Unmengen an Spiegeleiern gebraten und verzehrt. Einige Tage nach dem Fest wird der Kranz an der Tür wieder abgenommen. Bei dieser Aktion werden selbstverständlich alle einzelnen Schritte von viel Korn und Bier begleitet. Ebenso natürlich von diversen Speisen. Das Silberpaar ist immer dabei. Schon bei dem Gedanken an diese vielen Rituale wurde uns ganz silbrig vor den Augen.

So beschlossen wir, vor unserer Silberhochzeit zu fliehen – oder zumindest heimische Traditionen gegen Überraschungen in der Fremde einzutauschen. Wir buchten einen Flug nach Rom und mieteten eine Ferienwohnung. Abflugdatum war der 1. April, was sich noch rächen sollte. In freudiger Erwartung starteten wir von zu Hause und landeten mit noch größerer Erwartung in Rom. Sonnenschein und Vorfreude leuchteten um die Wette. Ich weiß nicht, ob es am Datum lag, aber die Koffer kamen und kamen nicht. Die Reisenden standen um das Laufband herum und wurden immer ratloser. Da kamen Koffer aus Abu Dhabi, aus Nairobi, aus Kuala Lumpur, aber leider keine aus Hannover. Gerüchte machten die Runde. Zuerst war von einem Streik die Rede, dann von einer Verwechslung. Unsere Koffer, so hieß es, seien in Palermo gelandet. Auch eine hübsche Stadt, aber wir waren nun mal in Rom. Wir wurden aufgefordert, unsere Koffer auf einem Formular zu beschreiben, Form, Inhalt, Farbe, Größe – und das alles möglichst genau. Dann, so hieß es weiter, könnten wir in unsere Quartiere aufbrechen, die Koffer würden uns noch an diesem Abend gebracht werden. Da wir schon häufiger in Italien gewesen waren, konnten wir über diese Versprechungen nur müde grinsen. Dennoch, viele Mitreisende machten sich auf den Weg in ihre Hotels oder anderen Unterkünfte. Mein Mann und ich harrten aus. Er hielt die Stellung am Laufband für die Koffer, ich tigerte in der großen Flughafenhalle eher ziellos umher. In etwa halbstündigem Rhythmus kam ich wieder zum Laufband. Aber inzwischen war nichts geschehen, außer dass ein Flugzeug aus New York ordnungsgemäß abgefertigt worden war.

Stunde um Stunde verging. Ich hatte Blasen an den Füßen, mein Mann hatte Blasen an seiner Geduld. Wir beobachteten einen jungen Mann, einen Italiener, der wie wir am Laufband ausharrte, und begannen ein Gespräch mit ihm. Wie wir glaubte auch er nicht daran, dass wir die Koffer schon am Abend in unserer Unterkunft haben würden. Schließlich kannte er sein Land noch besser als wir. Also bildeten wir eine Solidargemeinschaft in unserem Warten und Suchen. Immer neue Gerüchte waberten durch die Halle. Die Koffer seien noch in Hannover, dann wieder sollten sie mit der Mittagsmaschine nach Jordanien abgeflogen sein.

Noch einmal brach ich zu einer Runde durch die große Halle auf, wo einige Arbeiter auf einmal große Rollregale an ein Laufband brachten, auf dem Hunderte von Koffern abgeladen wurden. Wie ein Blitz in meinen Augen tauchte plötzlich wie aus einer anderen Welt mein roter Koffer auf, an den ich zum besseren Erkennen ein blaues Tuch gebunden hatte. So muss es den Goldsuchern in Amerika gegangen sein.

»Halt! Nicht aufladen! Das ist meiner!«, rief ich den Männern zu, wobei ich erst im letzten Moment daran dachte, dass ich ja Italienisch sprechen müsste, um verstanden zu werden. Mit einem lapidaren Kopfnicken antwortete mir einer der Männer: »Prendila!«, was man mit: »Dann nehmen Sie ihn!« übersetzen kann.

Also schnappte ich den Koffer und lief damit in großer Eile zu meinem Mann, der noch immer auf seinem Posten am Laufband stand. Ich stand kurz vor der Schnappatmung und konnte so nur häppchenweise erzählen, was passiert war. Ich parkte den Koffer bei meinem Silberbräutigam und ging erneut auf die Suche, denn nun fehlte ja noch sein Koffer.

Zuerst aber musste unser junger italienischer Wartefreund noch informiert werden, der hastig mit mir zu der Stelle des wunderbaren Kofferfundes aufbrach. Auch eine ältere Ordensschwester hatte inzwischen von unserem Glück erfahren und kam mit. Zurück an der Stelle, wo ich den großen Fund gemacht hatte, sprach ich die Arbeiter an, um zu fragen, wo ich denn weitere Koffer finden könnte. »Magazin!« war die knappe, aber dennoch halbwegs präzise Antwort. In das rechte Magazin müsse ich gar nicht erst gehen. Da seien nur Koffer aus Kopenhagen. Grund genug für mich, erst recht dort zu beginnen. Und richtig. Ich sah auch dort riesige Rollregale und mittendrin einen schwarzen Koffer mit einem kleinen roten Zeichen. Ich zog wie wild an ihm, bekam ihn auch bald heraus und griff beherzt in die kleine Außentasche. Dort hatte ich sofort die Pfeife meines Mannes in der Hand, und da es ja nicht allzu viele Pfeifenraucher mit verlorenen schwarzen Koffern auf dem Flughafen in Rom gibt, schrie ich laut: »Halleluja!«, eilte wieder zu meinem persönlichen Posten am Laufband und wir fielen einander erleichtert in die Arme. Endlich, nach fünf Stunden, konnten wir diese unwirtliche Halle verlassen. Draußen rauchten wir erst einmal ein Pfeifchen und eine Zigarette, um dann alsbald mit dem Taxi zu unserer Ferienwohnung zu fahren. An der Tür der Abflughalle standen der junge Italiener und die Ordensschwester glücklich lächelnd nun auch mit ihrem Gepäck ganz fest in der Hand. Wir winkten einander noch einmal zu, und dann verschwand das Taxi im römischen Straßengewirr.

Zum Glück waren damit alle möglichen Risiken und Nebenwirkungen einer Reise bereits abgearbeitet, und es wurde richtig schön.

Am Tag der Silberhochzeit bekam ich einen wunderschönen Strauß Rosen. Wir putzten uns heraus und brachen rechtzeitig auf in die Kirche der Deutschen Gemeinde in Rom, wo wir eine Feier zum Gedächtnis der Trauung erbeten hatten. Der junge Vikar war sichtlich nervös, weil er nun einen älteren und erfahrenen Bruder mit einer Amtshandlung beglücken sollte, machte seine Sache aber sehr gut. Der italienische Organist wurde noch darum gebeten, ein Erinnerungsfoto zu schießen, damit unsere Lieben zu Hause wenigstens gucken könnten, wie es denn gewesen sei, wo sie doch schon nicht selbst dabei sein konnten. Für mich haben sie trotzdem alle in Gedanken hinter uns auf den Bänken der Kirche gesessen. Meine Mutter ganz vorne mit ihrem Taschentuch in der Hand, dann es war ja so schön.

Ganz rustikal setzten wir uns auf die Holzbänke einer Bar vor der Kirche, tranken Prosecco und aßen Antipasti. Als der Wirt vom Grund der 25 Rosen erfuhr, lud er uns zu einem weiteren Prosecco ein, und alle dort versammelten Gäste riefen: »Auguri!«, was auf Italienisch die guten Wünsche sind.

Auf dem Rückweg baten wir einen Touristen noch darum, von uns ein Foto auf der Spanischen Treppe zu machen. Es ist schön geworden und hängt nun bei uns im Flur. Obwohl ich bereits 25 wunderschöne Rosen im Arm trug, boten mir die fliegenden Händler noch weitere Rosen an, die ich aber dankend ablehnte, weil ich vermutete, dass sie weniger am Verkauf der Rosen als vielmehr an meiner Geldbörse interessiert waren. Auch am Abend erhielten wir noch viele »Auguri« in dem Lokal, in das wir zum Essen gingen.

Es reihten sich sieben schöne Tage aneinander mit Touren ins antike Rom, ins christliche Rom, ins moderne Rom.

Die Rückkehr verlief ohne jegliche Zwischenfälle. Alle Koffer waren da, wo sie sein sollten. Wieder zu Hause angekommen, klingelte das Telefon. Am anderen Ende war eine Mitarbeiterin des Flughafens in Rom, die uns fragte, ob wir denn unsere Koffer inzwischen hätten. Sie hätte da noch einige, auf die die Beschreibung passen könnte.

Na, da hätten wir ja lange warten können.

Ich bin übrigens überzeugt, in Deutschland hätte man mich umgehend verhaftet, wenn ich ohne Ausweis oder sonstige Berechtigung in einem Magazin des Flughafens nach einem Koffer mit einer Pfeife darin gesucht und diesen auch noch gefunden und mitgenommen hätte. Aber das Chaos hat eben manchmal auch seine Vorteile!

VORLESEZEIT: ca. 12 Minuten

ERZÄHLIMPULSE: Erinnerung an Ehejubiläen und deren Gestaltung, Bräuche in der eigenen Region dazu, Reiseerlebnisse, Scherereien auf Reisen, Rom

Es glockt schon

Wenn man als Kind seine Muttersprache lernt, dann geht das nicht ganz ohne Fehler und Verwechslungen vor sich. Es ist ja auch schwer, so viele Worte zu behalten, sie richtig zuzuordnen und sie auch noch in den richtigen grammatikalischen Zusammenhang zu stellen. Dazu gibt es sicherlich in allen Familien viele amüsante Beispiele.

Manche Kinder können schon mit drei Jahren »Universitätsbibliothek« sagen. Ich nicht.

Wenn ich als kleines Mädchen mit meinem Vater meine Großeltern zum sonntäglichen Mittagessen abholte, dann fuhren wir dazu immer in die Kirche, denn für meine Großeltern gehörte zum Sonntag der Kirchgang. Da galt es dann, das Ende des Gottesdienstes genau abzupassen, damit sie nicht zu lange draußen vor der Kirchentür auf uns zu warten bräuchten. Waren Papa und ich spät dran, dann hörte man schon die Glocken läuten, die der Welt draußen das Ende des Gottesdienstes verkündigten. Dann wussten wir, dass es höchste Zeit wurde. Ich kommentierte das so: »Papa, mach schnell! Es glockt schon!« Und Papa gab seinem sandfarbenen Goggomobil die Sporen.

Ich war lange Jahre fest davon überzeugt, dass das richtige Wort für abendliches Gähnen »Amen« ist. Ich vermute, das ist so, weil wir ein Abendgebet sprachen, das natürlich mit »Amen« endete. Klar, beim Abendgebet ist man schon müde und muss manchmal auch schon gähnen.

Das Sandmännchen gehörte für mich als Kind zu den beliebtesten Sendungen. Vor allem das Anfangslied sang ich gerne laut und falsch mit. Dort heißt es ja: »Und der Mond am Himmel droben hält derweil schon Wacht!«, eine für ein kleines Mädchen zumindest ungewöhnliche Sprache. Derweil Wacht halten? So sprach doch kein Mensch. Aber ich wusste mir zu helfen und übersetzte es für mich so: »Und den Mond am Himmel droben hält Gott weich und wach!«

Ich vermute, die vielen Fehler, die etwas mit der Kirche und dem Glauben zu tun hatten, sind ein sehr früher Hinweis auf meinen späteren Beruf. Aber es gab auch weltliche Verhörer.

Wollte ich eine Sache noch etwas hinauszögern, bat ich um eine »Binute«, und wurde mir etwas verboten, tat ich es »tropsden«! Und besonders gerne mochte ich als Kind »Übergeraschungen«.

Die feinen Zwischentöne kennt man als Kind noch nicht. Von Ironie ganz zu schweigen. Wenn Papa und ich bei unseren Fahrradtouren durch den Ort meiner Kindheit fuhren und ich ihn mit meinen Fragen an den Rand des Wahnsinns gebracht hatte, kehrten wir in eine kleine Gastwirtschaft ein. Mir wurde eingeschärft, dass Mama von diesen Besuchen nichts wissen sollte. Warum eigentlich nicht? Wahrscheinlich war es nur ein Spiel zwischen den Eltern. Jedenfalls stürmte ich bei der Rückkehr die

Treppe hoch und sagte freudestrahlend: »Mama, das war schön. Wir waren nicht in der Wirtschaft. Papa hat kein Bier getrunken und Eis gab's auch nicht!«

Irgendwann zog in das Haus neben uns ein junges Ehepaar mit einem Hund und einer Katze. Der Hund war ein Collie, der bei mir natürlich sofort Lassie hieß, weil ich die Sendung mit dem klugen Hund und seinem jungen Herrchen Timmi so mochte. Die Katze hieß Beatrix, wohl wegen der Prinzessin der Niederlande, denn die junge Frau war Holländerin. So kam es, dass ich sie oft nicht richtig verstehen konnte, denn unsere neue Nachbarin konnte noch kein Deutsch und ich natürlich kein Niederländisch. Für mich als Kind war es faszinierend, die Frau zwar sprechen zu hören, aber so gar nichts von dem verstehen zu können, was sie zu ihrem Mann, zu Lassie und zu Beatrix sagte, denn vor allem mit Beatrix sprach sie natürlich Holländisch. Aber wenigstens die Katze sprach für mein kindliches Weltbild »ganz normal«. Und so kam es, dass ich eines Tages ganz aufgeregt zu meiner Mutter rannte und ihr voller Staunen berichtete: »Mama, Mama, unsere neuen Nachbarn reden so, dass ich sie gar nicht verstehen kann, aber ihre Katze macht auf Deutsch miau.«

VORLESEZEIT: ca. 6 Minuten

ERZÄHLIMPULSE: Verhörer in der Kindheit, Erlebnisse mit Eltern und Großeltern, lustige Beobachtungen in der Kindheit

Regen am Strand

In Kalabrien scheint fast immer die Sonne. Deshalb lieben wir es so sehr, dass der kleine Ort ganz im Süden Italiens für viele Jahre unser Lieblingsurlaubsort war. Inzwischen haben Waldbrände, Erdbeben und Rückenschmerzen diesem Campingurlaub ein Ende bereitet. Dennoch gibt es viele Erlebnisse von dort, die wir einander immer noch gerne erzählen.

Es war wieder einmal ein wunderschöner Sonnentag, den wir am Strand verbrachten. Im munteren Gespräch mit Enzo und Marina, mit Beppe und Angela, mit Silvio und Concetta schlenderten wir vom einen Ende des Strandes an den anderen. Hin und wieder gingen wir zwecks Abkühlung ins Wasser, nur Enzo nicht, denn das Wasser hatte nur 29 Grad, das war ihm zu kalt. Enzo ist Sizilianer.

Um die Mittagszeit gestikulierten die Italiener noch eine Spur mehr als sonst, aber weil sie das irgendwie immer tun, maßen wir dem keine weitere Bedeutung bei. Wir quatschten einfach weiter. Am Himmel hatte sich aber eine riesige Regenwolke zusammengebraut. Auf einmal fing es im wahrsten Sinne des Wortes aus heiterem Himmel an zu schütten. In Sekundenschnelle waren wir pitschenass, was aber bei dem warmen Wetter kein Problem war, eher eine willkommene Abkühlung. Was sich allerdings als problematisch erwies, war, dass wir nun nicht mehr nach oben zum Campingplatz kamen, weil das Wasser den Weg dorthin total überspült hatte. In wahren Sturzbächen strömte es nach unten. So blieb uns keine andere Wahl, als den Strand über den Weg durch den Ort zu verlassen. Auch das wäre eigentlich noch kein so großes Problem gewesen, wenn es sich bei unserem Strand nicht um einen FKK-Strand gehandelt hätte. Wir hatten nur jeder ein kleines Handtuch und viel mehr Körper, als dieses Handtuch verbergen konnte. Der Regen ließ zwar etwas nach, aber das Handtuch wurde davon nicht größer, und der Weg nach oben war immer noch unpassierbar.

Ob sie uns wohl verhaften würden, wenn wir im Adams- und Evaskostüm durch den Ort gingen? Irgendwie mussten wir aber zurück zum Campingplatz. Den Einheimischen war dieses nackte Treiben hier unten am Strand ohnehin ein Dorn im Auge. Diese Naturisten waren ihnen zutiefst suspekt. Sie trennten sogar den Müll, komische Leute! Käme jetzt für die Dorfbewohner die Stunde ihrer Rache?

Wir bildeten eine lange Karawane von Leidensgenossen. Der Erste und der Letzte in unserer Reihe bekam das größte Handtuch, dann gingen wir einfach los. Und weil das so komisch aussah, lachte und lachte ich, bis ich keine Luft mehr kriegte und oben angekommen war. Mein Gesicht war nun nicht von der Sonne gerötet, sondern vom Lachen. Ich stellte mir immer vor, unsere Gemeinde würde uns hier sehen.

Einige der Passanten, denen wir unweigerlich bei unserem Marsch begegneten, bekreuzigten sich vorsichtshalber, aber wir sind heil angekommen.

Am Abend waren die Handtücher schnell getrocknet, die Tränen vom Lachen auch. Wir freuten uns auf ein schönes Essen im Restaurant, bei dem wir die turbulenten Ereignisse des Tages noch einmal mit allen Beteiligten ausgiebig besprachen und begossen. Fortan hatte ich immer ein größeres Tuch dabei. Man kann ja nie wissen!

VORLESEZEIT: ca. 5 Minuten

ERZÄHLIMPULSE: Erinnerung an Reisen, tragikomische Erlebnisse unterwegs und anderswo, Wetter im Urlaub

Grundschule

Als ich in die Schule kam, gab es noch die achtklassige Volksschule, bei der die Klassen 1 bis 4 in einem Raum von einem Lehrer unterrichtet wurden. Wenn man die Schule betrat, kam einem sofort der typische Geruch von Bohnerwachs entgegen. Im Flur waren die Kleiderhaken, wo für jedes Mädchen auch eine Schürze hing, die wir im Schulalltag anziehen mussten. Von da aus ging es in den großen Raum, in dem vorne das Pult des Lehrers stand, daneben die Tafel und darüber sein gefürchteter Rohrstock. Kurz vor der Tür, die in seine Wohnung führte, hing seine Geige an der Wand. Für jede Klasse gab es eine Reihe von Tischen, an denen Jungs und Mädchen getrennt saßen.

Wenn man in der vierten Klasse war und die eigenen Aufgaben bereits erledigt hatte, dann durfte man zur ersten Klasse hinübergehen und den Kleinen etwas erklären. Wer das durfte, fühlte sich auf einmal schon richtig groß.

Von Inklusion hatte man damals noch kaum etwas gehört, aber sie wurde praktiziert, wohl auch deshalb, weil es keine erreichbaren Schulen für Kinder mit Behinderungen gab. In meiner Klasse saß ganz hinten ein Junge mit Downsyndrom, der jeden Tag aus einer Fibel einen Text auf seine Tafel abschrieb. Eigentlich muss man eher sagen, dass er den Text abmalte. Auf jeden Fall war er immer ganz stolz, wenn er die Tafel voll hatte, ging nach vorne und zeigte sie dem Lehrer. Dann wurde er gelobt, die Tafel wurde ausgewischt und er begann von vorne. Er gehörte ganz einfach dazu, war Teil der Klasse.

Meine Schule war auf dem platten Land, wo viele Kinder in ihren Familien nur Plattdeutsch sprachen. Das bedeutete oft, dass sie anfangs große Schwierigkeiten hatten, in der Schule mitzukommen, weil sie ja erst einmal eine für sie neue Sprache lernen mussten: Hochdeutsch. Manche kannten auch von zu Hause keine besonderen Manieren oder sie brachten ihre Eigenarten recht ungefiltert mit in die Schule. Einmal sollten wir zum Beispiel eine Hand malen. Irma legte dazu einfach ihre Hand auf das weiße Blatt, malte drumherum und dann alle Fingernägel dunkelrot. Dort, wo der Nagel aufhört, malte sie einen dicken schwarzen Strich, weil das bei ihrer Schwester auch immer so aussah.

Besonders liebten wir es, wenn wir Junglehrer in der Schule hatten. Das waren oft junge Lehrerinnen und Lehrer, die in den Pausen noch richtig mit uns spielten. Außerdem waren sie nicht so streng wie der Lehrer, der gleichzeitig Direktor der Schule war. Die Referendarinnen hatten ein kleines Zimmer in der Wohnung des Lehrers, aber wir Kinder wurden aufgefordert, sie zum Mittagessen einzuladen. Das ging reihum, und deshalb nannte man es Reihetisch. Die meisten Eltern haben ein sehr aufwendiges Essen gekocht, wenn die Gäste kamen. Bei uns gab es dann immer Hühnersuppe und dann Frikassee, mein Lieblingsessen als Kind.

Unser Lehrer war richtig streng. Wenn die Jungs ihre Aufgaben gar nicht oder nicht ordentlich gemacht hatten, gab es Schläge mit dem Rohrstock, der über der Tafel hing. Aber meistens hatten die Jungs schon mit der Strafe gerechnet und sich unter der Lederhose ein kleines Buch an die Stelle des Allerwertesten gelegt, sodass sie nicht viel vom Rohrstock gemerkt haben. Die Mädchen wurden ermahnt oder mussten in der Ecke stehen. Geschlagen wurden sie nicht.

Wir wohnten direkt neben der Schule, sodass ich den kürzesten Schulweg von allen hatte. Der Lehrer und seine Frau waren also quasi unsere Nachbarn. Und in unserer ländlichen Gegend war es im Winter so, dass die Nachbarn einander reihum besuchten. Weil man im Sommer wegen der vielen Arbeit in der Landwirtschaft wenig Zeit für die Kontaktpflege hatte, war das so Sitte. Das bedeutete aber auch, dass bei diesen sogenannten Winterbesuchen der Lehrer und seine Frau an einem Abend irgendwann bei uns zu Besuch waren. Können Sie sich vorstellen, wie aufregend das für mich als kleines Mädchen war? Ich durfte noch ein bisschen aufbleiben und meine Handarbeiten zeigen. Dann musste ich ins Bett, während die Gäste sich mit meinen Eltern unterhielten. Leider war mein Schlafzimmer so weit vom Wohnzimmer entfernt, dass ich nichts hören konnte. Ich fand es ja immer interessant, zu hören, was sich die Erwachsenen erzählten. Und an diesen Abenden noch ein bisschen mehr als sonst.

VORLESEZEIT: ca. 6 Minuten

ERZÄHLIMPULSE: Prägungen in der Kindheit, Schulsystem früher, Verhältnis zum Lehrer

Angeschlossene Liebe

Sicherlich haben Sie auch schon einmal in einer großen Stadt gesehen, dass an Brückengeländern kleine Schlösser in großer Zahl angekettet sind. Damit wollen Liebespaare ihrer Zusammengehörigkeit Ausdruck verleihen. Schon vor der Reise in die jeweilige Stadt besorgen sie sich ein kleines Schloss, das man mit einem Schlüssel verschließen kann. Manchmal haben sie sogar beider Namen eingraviert. Wenn sie das Schloss anbringen, küssen sie sich, schließen es ab und werfen den Schlüssel ins Wasser. Dann, so glauben sie, hat ihre Liebe ewigen Bestand, denn das Schloss lässt sich ja nicht wieder öffnen. Ob diese Hoffnung sich erfüllt, sei dahingestellt.

Entstanden ist dieser Brauch wahrscheinlich in Riomaggiore, einer kleinen Stadt in Ligurien. Dort hat man etwa 1920 für den Ausbau einer Eisenbahnstrecke an einem Weg, der aus der Stadt führt, Dynamit für die Sprengung gelagert, um es bei Beginn der Arbeiten sofort zur Hand zu haben. Dieser Weg wurde schnell zu einem Lieblingsort der örtlichen Liebespaare, an dem sie sich heimlich treffen konnten. Darum heißt dieser Weg heute noch »Via del Amore«, also Weg der Liebe. Er ist Bestandteil eines langen Wanderweges entlang der Küste. Dort, wo man einen besonders schönen Ausblick auf das Meer hat, steht eine kleine Bank. An dem Gitter dahinter sind Tausende solcher Schlösser angebracht. Man hat den Eindruck, die Gitter hätten sich von dem Gewicht der Schlösser bereits verbogen, so viele sind es. Die Liebespaare setzen sich auf die Bank und warten, bis ein weiterer Wanderer vorbeikommt. Der wird dann darum gebeten, ein Foto zu machen. Manchmal gibt es regelrechte Staus an der Bank. Als Wanderer kommt man nicht vorbei, weil man ja nicht durch das Bild laufen will.

Zugegeben, es ist ein wenig kitschig und erhöht wohl nicht wirklich die Wahrscheinlichkeit, dass die Beziehung besser hält, aber es ist doch schön. Mir gefällt daran besonders gut, dass sich die jungen Leute an das erinnern, was die jetzt alten Menschen in ihrer Jugendzeit begonnen haben.

VORLESEZEIT: ca. 3 Minuten

ERZÄHLIMPULSE: Erste Liebe, Treueversprechen, skurrile Bräuche, Anknüpfen an Traditionen

Hollandgängerin

Meine Familie sagt, ich hätte viel von meiner Großmutter geerbt, und zwar nicht im materiellen Sinne, sondern mehr, was die Fähigkeiten und Talente angeht. Zumindest habe ich meinen zweiten Vornamen von ihr. Wir heißen also beide Gretchen, ich hinten, sie vorne. Meine Großmutter ging mit dem Jahr. So sagte sie das immer, wenn sie ihr Geburtsjahr benennen wollte: 1900. Und für diesen Jahrgang, für ihre Zeit war sie eine ungewöhnliche Frau. Sie mochte lieber lesen als putzen und war lieber draußen als drinnen. Im Krieg und in der Nachkriegszeit hat sie mit viel Fantasie ihre Kinder durch die schlechte Zeit gebracht. Sie konnte Leberwurst ohne Fleisch und Leber herstellen, aus wenigen Rüben und noch weniger Speck Eintopf kochen und mit viel Geschick auch dann noch ein Brot organisieren, wenn es eigentlich keines mehr gab.

Mit viel Respekt und Achtung erzählt mein Vater von ihr. »Unser Mudder«, sagt er dann immer, »unser Mudder hat uns nie hungrig ins Bett schicken müssen.«

Besonders beeindruckt hat mich als junges Mädchen, wenn sie von ihrer Zeit in Holland erzählte. In der schlechten Zeit nach dem Ersten Weltkrieg hatte sie sich entschlossen, in Holland zu arbeiten. Als sogenannte Hollandgängerin war sie auf einem

Bauernhof in der Nähe von Utrecht, wo sie morgens die Kühe molk, dann in der hofeigenen Käserei arbeitete und auch im Haus viele Aufgaben zu erledigen hatte. Auch als sie später wieder zu Hause war, hat sie den Kontakt zu ihrer Familie in Holland gehalten. Bis ins hohe Alter hat sie auch die Sprache gesprochen. Als Dank für ihre treuen Dienste bekam sie von der Familie zur Hochzeit eine wunderschöne Uhr, die nun bei meinen Eltern im Wohnzimmer einen Ehrenplatz bekommen hat.

Ausgestattet mit einem nagelneuen Führerschein und meinem ersten Auto, bin ich einmal mit Oma nach Holland zur Tochter ihrer damaligen Familie gefahren. Es war für meine Großmutter eine Reise in die Vergangenheit. Und für mich war es sehr schön, dass sie mich auf diese Reise mitgenommen hat. So viel konnte ich dabei erfahren, was man in keinem Geschichtsbuch nachlesen kann, denn ich sah in ihrem Gesicht voller Falten, was diese Zeit in ihr bewirkt hatte. Ich sah die Freude und die schwere Arbeit, das Heimweh und die Selbstständigkeit.

In der gastfreundlichen Familie gab es immer Tee. Der große Garten stand voller Apfelbäume und auf den Wiesen grasten unzählige Norwegerponys. Auch die Käserei gab es noch. Natürlich haben wir sie besichtigt und durften von dem herrlichen Käse probieren. Er schmeckte völlig anders als jeder Käse, den ich vorher gegessen hatte, so natürlich und reif.

Meiner Großmutter hat mein Interesse an ihrer Vergangenheit sichtlich gutgetan. Es hat uns noch enger zusammengebracht und ich habe seitdem noch mehr von ihr lernen können. In ihren letzten Lebensjahren hat sie mir noch die alte deutsche Schrift beigebracht, in der wir uns dann viele Briefe geschrieben haben. Es hat uns eine diebische Freude bereitet, auch die Adresse auf dem Brief in dieser Schrift zu schreiben und den Postboten damit zu ärgern.

Als Oma Gretchen starb, war ich gerade auf Lanzarote. Und wissen Sie was? Ich bin bis heute traurig darüber, dass ich sie auf ihrem letzten Weg nicht habe begleiten können. Aber ich weiß genau, Oma hätte gesagt: »Deern, mokt du man Urlaub. Ik kom dor all alleen hen!« – »Mädchen, mach du ruhig Urlaub! Ich komme auch allein dorthin!«

VORLESEZEIT: ca. 6 Minuten

ERZÄHLIMPULSE: die eigenen Großeltern, Arbeitslosigkeit, Prägungen, längerer Aufenthalt im Ausland

Wiedersehen

Bei meinen Besuchen in den Seniorenkreisen landauf, landab begegnen mir viele Menschen. Ich halte Vorträge in den Gruppen, erzähle Geschichten oder gestalte das Programm auf andere Weise. Besonders spannend ist es, wenn ich einen solchen Besuch dem Seniorenkreis meines Heimatortes abstatte. Dann kommt es immer mal wieder vor, dass mich noch jemand kennt, den ich aber nicht mehr kenne. Immerhin ist meine Kindheit einige Jahre her, und ich bilde mir ein, mich doch verändert zu haben. Ich bin gewachsen und wiege auch nicht mehr 3 Kilo wie bei meiner Geburt. Ich habe mehr Haare und kann mich viel deutlicher artikulieren. Loriot würde sagen: »Sie sitzt und spricht!«

Vor einigen Wochen hatte ich diesbezüglich eine lustige Begegnung. Ich war kaum in den Gemeindesaal getreten, da schoss eine Frau auf mich zu, die mich in den Arm nahm und mir sagte, sie habe mich schon als kleines Baby auf dem Arm gehabt. Das muss dann ja wohl 55 Jahre her gewesen sein! Sie verstand, dass ich mich nicht erinnerte, versuchte aber doch beständig, durch manches Detail meinem Gehirn auf die Sprünge zu helfen. Das Haus, in dem meine Eltern bei meiner Geburt wohnten, wurde noch von zwei anderen Mietparteien bewohnt. Eine davon war besagte Dame mit ihrer Familie. Bei ihrem Namen dämmerte es mir, aber die Erinnerung war noch eher nebelig und verworren. Nun musste ich mich ja auch erst einmal auf meinen Vortrag besinnen und konnte nicht länger in der Vergangenheit herumkramen.

Während ich von den 60er-Jahren erzählte, denn das war das Thema, das die Gruppe sich ausgesucht hatte, schoben sich immer wieder Kindheitsbilder vor mein inneres Auge. Ich musste mich zur Ordnung rufen, um wirklich konzentriert beim Thema zu bleiben.

Am Ende der Veranstaltung haben wir uns noch eine Weile unterhalten, der Nebel in meinem Gehirn verzog sich aber nicht wirklich. Erst auf dem Weg nach Hause kamen Bilder längst vergangener Zeit in mir hoch. Die ältere Dame mit den weißen Haaren wurde auf einmal wieder zu der jungen Frau, die sie gewesen war, als sie mich auf dem Arm trug. Ich erinnerte mich auch wieder an ihren Sohn, der eigentlich Rolf hieß, aber von allen Jimmy genannt wurde. Das waren wohl unsere ersten Amerikanisierungstendenzen. Er war um einiges älter als ich und wurde für mich als kleines Mädchen so etwas wie meine erste Liebe, denn ich fand es toll, mit ihm im Garten zu spielen, seine Uniform von der Bundeswehr zu bestaunen und mit ihm eine kleine Runde auf seinem Motorrad zu drehen. Komisch, ich hatte Jahrzehnte nicht an ihn gedacht, und nun war er ganz präsent.

Das sind schöne Momente im Leben, wenn man Menschen wiedersieht, die man ewig nicht gesehen hat und zu denen doch gleich wieder eine Verbindung besteht. Mir ist das noch einmal so gegangen. Bei meiner Einschulung hatte ich gleich am ersten Tag Freundschaft mit einem Jungen geschlossen. Wir saßen nebeneinander, spielten miteinander und bildeten so etwas wie eine verschworene Gemeinschaft. Als wir dann aus dem Ort wegzogen, habe ich ihn nie wiedergesehen. Erst viele Jahrzehnte später, als ich meine Ausbildung zur Diakonin machte, sind wir uns über einige Umwege wieder begegnet. Er war inzwischen Pfarrer und ich Diakonin, und das, obwohl bei uns beiden damals bei der Einschulung nichts auf eine kirchliche Laufbahn hingedeutet hatte. Eine Studienkollegin hatte dem Pfarrer ihrer Gemeinde von der Ausbildung erzählt und eben auch von ihren Mitstudentinnen. Bei meinem Namen war er hellhörig geworden. Klar, wir haben uns verabredet und an einem langen Abend vieles besprochen, was in der Zwischenzeit für uns wichtig gewesen war.

Und ganz romantisch würde diese Geschichte natürlich enden, wenn ich jetzt erzählen könnte, dass er es ist, der zu meinem persönlichen Hirten geworden ist. Ist er aber nicht, denn dieser Platz war da schon hervorragend anderweitig besetzt.

VORLESEZEIT: ca. 6 Minuten

ERZÄHLIMPULSE: unverhofftes Wiedersehen nach vielen Jahren, überraschende Begegnungen, Teilen von Erinnerungen

Kindergottesdienst bei Nacht

Um die Attraktivität unseres Kindergottesdienstes noch etwas zu steigern, hatten wir vom Kigo-Team uns etwas ganz Neues und Ungewöhnliches ausgedacht. Wir luden zur ersten Kigo-Night ein. Dabei wollten wir am Sonnabend um 18.00 Uhr mit einem kindgerechten Abendessen beginnen, dann eine kindgerechte Nachtwanderung machen und schließlich ganz kindgerecht auf Luftmatratzen im Gemeindehaus übernachten, um dann am nächsten Morgen nach einem kindgerechten Frühstück Kindergottesdienst zu feiern. Erst dann sollten die lieben Kleinen von ihren Eltern wieder abgeholt werden. Ein toller Plan, dem auch die Eltern sogleich in freudiger Erwartung zustimmten. Für sie zeichnete sich das Geschenk eines freien Abends ab, den sie ganz nach eigenen Wünschen etwa mit einem Candle-Light-Dinner oder einem Theaterabend gestalten konnten. Dabei brauchten sie sich noch nicht einmal um einen Babysitter zu kümmern, denn bei »Kirchens« sind die Kinder schon mal pauschal gut aufgehoben.

Das kindgerechte Abendessen bestand aus Würstchen mit Pommes rot-weiß, denn das essen die Kinder gerne. Leider platzten die Würstchen, weil wir während ihrer Erwärmung den Streit zwischen zwei Jungs schlichten mussten, die sich nicht über die Position ihrer Luftmatratze einigen konnten. Aber das tat dem Geschmack keinen Abbruch. Viel wichtiger waren ohnehin die Pommes rotweiß.

Die Nachtwanderung – wiederum kindgerecht – machte den Kindern viel Spaß, während wir Erwachsenen eher ängstlich darum besorgt waren, bloß kein Kind in der Dunkelheit zu verlieren.

Geschlafen hätten die Kinder übrigens viel lieber in der Kirche, aber die war schon von den Fledermäusen besetzt, die Nacht für Nacht unseren Küster ärgerten, weil sie durch die Alarmanlage flogen, wenn sie vom Kopf des Christus als Weltenrichter im Altarraum einen Salto mortale übten. Also blieben wir im Gemeindehaus, was nicht nur wegen der sanitären Anlagen eine ganz gute Entscheidung war. Zwei Jungen wollten in überdimensionalen Schlafsäcken nächtigen, die ihre Väter noch aus Bundeswehrzeiten hatten. Die Mädchen hatten eher Schlafsäcke im Hello-Kitty-Design und Schlafanzüge mit Bärchen und niedlichen Katzen. Die Jungs fanden das total uncool.

Justin und Dennis wollten auf keinen Fall neben einem Mädchen zu liegen kommen. Sie hatten gehört, dass Mädchen immer küssen wollen. Das fanden sie schon bei ihrer Tante Amanda so blöd. Jennifer und Carolin wollten dagegen unbedingt neben den Jungs schlafen. Denn dann, so hatte ihre Tante Esmeralda gesagt, wäre man richtig groß.

Tante Esmeralda wohnt weit weg, wo es immer warm ist, erfuhren wir noch, was irgendwie gut für Tante Esmeralda war, denn sonst hätte ich sie, glaube ich, gerne mal gesprochen.

Als Gutenachtgeschichte hatten wir eine Erzählung von einer Blume ausgesucht, die nicht schlafen konnte, weil sie solchen Durst hatte und es nicht regnen wollte. Trotz sorgfältigen Studiums der Religionspädagogik hatten wir es übersehen, wie schnell solche Blumen für die Kinder zum Vorbild werden. Augenblicklich bekamen alle Kinder rasenden Durst. Also mussten wir noch einmal Saft und Tee bringen. Dann, so dachten wir jedenfalls, konnte die Nachtruhe langsam eingeläutet werden. Pustekuchen. Wir hatten es uns so schön gedacht, dass wir Erwachsenen im Nebenraum noch eine Weile sitzen könnten, ein Glas Rotwein trinken und über das Leben an sich sprechen. Aber sobald wir den Raum verließen, stieg der Geräuschpegel beängstigend an. Nach zwei bis drei weiteren kläglichen Versuchen, doch noch zu einem erwachsenengerechten Rotwein zu kommen, legten wir uns zu den Kindern in den Gemeindesaal und atmeten laut und ruhig, um so den Eindruck zu vermitteln, als schliefen wir tief und fest. Die Einzigen, die durch diesen Trick wirklich tief und fest schliefen, waren wir Erwachsenen.

So gegen drei Uhr am Morgen kehrte dann wirklich Ruhe ein, was aber kein einziges Kind daran hinderte, am nächsten Morgen um halb sechs Uhr früh wieder aufzustehen und mit dem Kichern und

Schwatzen genau dort wieder anzufangen, wo sie in der Nacht aufgehört hatten. Wir stellten uns noch eine Weile schlafend, aber schon bald hatten sie uns weich geklopft. Also standen wir auf, ordneten uns notdürftig und vertrieben uns die Zeit zwischen dem Frühstück um 6.00 Uhr und dem Beginn des Kindergottesdienstes um 10.00 Uhr mit etlichen Basteleien.

Ausgeruht und außerordentlich beschwingt kamen die Eltern, um dann nach Ende der Veranstaltung ihre Kinder wieder abzuholen. Wir hörten von Kino-Besuchen, trauter Zweisamkeit und viel Entspannung. Wenn man, so wie ich, keine Kinder hat, kann man wahrscheinlich die Freude gar nicht ermessen, die es bedeutet, einmal eine Nacht lang keine zu haben.

Wir räumten noch auf, freuten uns darüber, dass keinem ein Leid geschehen war, und machten uns auf den Weg nach Hause, wo ein erwachsenengerechtes Mittagsschläfchen unsere Ringe unter den Augen wieder verschwinden lassen sollte.

Bei Senioren nennen wir dieses frühe Aufstehen ja senile Bettflucht. Ist es bei Kindern dann eine infantile Bettflucht und ist damit bewiesen, dass es zwischen dem Alter und der Kindheit doch mehr Parallelen gibt, als wir wahrhaben wollen?

VORLESEZEIT: ca. 8 Minuten

ERZÄHLIMPULSE: Kinder und ihre Eigenarten, Kindergottesdienst, Nachtwanderungen, Babysitting

Ausflüge

Um die merkwürdige Sprache der Hauptperson in dieser Geschichte verstehen zu können, muss man wissen, dass in unserer Region viele Menschen Plattdeutsch sprechen, kein Dialekt, sondern eine eigene Sprache, die dem Niederländischen in vielem ähnelt. Wer plattdeutsch aufgewachsen ist, hat oft Schwierigkeiten mit der Grammatik des Hochdeutschen, vor allem dann, wenn er eins zu eins übersetzt.

Ein Ausflug gehört im Seniorenkreis zum Standardprogramm im Laufe eines Jahres. Dazu wird tunlichst ein Tag gewählt, an dem stabiler Sonnenschein, möglichst noch Kaiserwetter herrscht. Dumm ist nur, dass der Ausflug Monate vorher geplant werden muss, wenn man über das Wetter noch so gar nichts sagen kann.

Als Ziel ist ein Ort zu wählen, der ebenso nah wie ausreichend entfernt ist. Es muss etwas zu besichtigen geben, das noch kaum jemand kennt, das aber dennoch von einer gewissen Attraktivität ist. Es muss eine Führung geben, die zwar fundiert und informativ, aber auch gut verständlich bis kurzweilig sein muss. In fußläufig zu erreichender Umgebung muss es ein Café geben, in das man einkehren kann. Dort muss der Kuchen ebenso lecker wie kalorienarm sein, der Kaffee koffeinfrei, aber dennoch anregend, nicht zu stark und vor allem heiß.

Wir hatten uns für dieses Jahr das Haus eines Malers ausgesucht, in dem seine Werke hängen und der für unsere Gegend eine beachtliche Berühmtheit ist. Alles schien in trockenen Tüchern. Der Wetterbericht stimmte, der Bus erschien pünktlich, alle waren startklar und in freudiger Erwartung.

Am Haus des Malers angekommen, erhielten wir erst einmal einen kräftigen Rüffel, weil der Bus falsch geparkt hatte. Unsere Führerin, die früher die Nachbarin des Malers gewesen war, herrschte uns an: »Wech hier, hier könn´ Se nich parken. Das sehn Se doch an das Schild!« Wir erschraken heftig, so sehr, wie manchmal im Gottesdienst, wenn man zwischen zwei Pfarrern zu sitzen kommt und diese beim ersten Lied so laut singen, als wären sie allein für den Gesang verantwortlich.

Ich war nicht sicher, ob der Rüffel schon zum Programm gehörte. Also ließ ich die Gruppe erst einmal aussteigen und geleitete alle in das kleine Museum, bezahlte brav den Eintritt und wartete auf die Dinge, die da kommen sollten.

»Ma eben aufstellen! Ich muss Ihnen zählen!«, sagte die Führerin. Wir blickten einander irritiert an, gehorchten aber. Dann ging es endlich los. Die Führerin, oder soll ich sie lieber Generalfeldmarschallin nennen, legte los.

»Hier in den ersten Raum sehn Se die Bilders, die er zuerst gemalen hat!« Wie, gemalen? Wir suchten nach Mühlen, fanden aber keine, bis es uns dämmerte, dass unsere Fachkraft der Meinung war, die Perfektbildung des Wortes für Hantieren mit Farbe hieße »gemalen«!

Eine beherzte Gruppe von Frauen übernahm es fortan, immer beim Auftauchen des Wortes »gemalen« ein gut vernehmbares »T« zu Gehör zu bringen. Das wiederum irritierte unsere Generalfeldmarschallin, und sie fragte uns: »Was zischen Se ümmer so? Ham Se was mit'n Hals?«

In Erinnerung an meine Zeit im Kindergarten versuchte ich nun die Korrektur dadurch, dass ich ihren letzten Satz immer in korrekter Grammatik wiederholte. Sie kommentierte das nur mit den Worten: »Sach ich doch!«

Im nächsten Raum angekommen, zeigte sie uns Bilder aus seiner Schaffensperiode nach dem Krieg. »Hier sünd die Bilders ganz anners. Das kommt vonne Eindrücke von woanners.« Weil wir über diese doch sehr eigenwilligen Sätze lachen mussten, erhielten wir erneut einen Tadel. »Da lacht man nicht über. Das ist Kunst!«

Dann gab sie allerdings zu, dass der Maler in manchen Alltagsdingen doch merkwürdig gewesen war. Sie als seine ehemalige Nachbarin könne das bezeugen. Ihre Wortwahl war, wie Sie sich denken können, allerdings etwas plastischer. »Wie alle Künstlers hatte der 'ne Macke. Aber das hört da ja wohl zu, wenn man so viel gemalen hat!«

Dummerweise klingelte an dieser Stelle ein Handy laut und vernehmlich. Unsere Fachkraft fragte streng: »Wer ist das gewesen? Wem sein Telefon bimmelt hier?« Wir blickten auf unsere Schuhe, aber nicht daher kam das Läuten, sondern aus meiner Handtasche. Peinlich. »Wenn jetzt von dies Gebimmel die Alarmanlage angeht, is hier aus mit die Bilders!« Zum Glück verstummte das Handy. Wahrscheinlich war auch mein Anrufer von der Generalfeldmarschallin eingeschüchtert worden und hatte aufgelegt.

Weil nun eine Reihe von Daten aus dem Leben des Malers vorgetragen werden sollte, zog unsere eigenwillige Lady einen Zettel aus der Tasche, auf dem diese Angaben und Stationen zu lesen waren. Weil dieser Zettel schon viele hundert Male kopiert zu sein schien, sah er aus wie das Haupt manches Pfarrers, der unter der Last seines Hirtenamtes grau geworden war. Wir aber kamen auf diese Weise in den Genuss einer Reihe grammatisch völlig einwandfreier Sätze.

Gegen Ende der Führung durften wir uns noch ein wenig selbstständig umsehen. Wir waren inzwischen allerdings so hoffnungslos albern, dass wir nur noch kicherten und glucksten. Bei einem Bild mit einem riesigen roten Mond, der über einem Haus zu sehen war, übernahm ich die Rolle der Interpretatorin und schilderte meinen Schäfchen, hier sei dem Maler eine transzendente Darstellung der Fremdheit in einem starken Widerspruch zur Geborgenheit des Hauses gelungen, die uns mitnehme in die Weite der norddeutschen Tiefebene mit ihrem Charakter zwischen Heimat und Bedrohung bei gleichzeitiger Andeutung von Suche nach Himmel. Bei unserer Gruppe waren bezüglich der Ernsthaftigkeit Hopfen und Malz verloren. Wir sehnten uns nur noch nach Freiheit und Kaffee.

Also bedankte ich mich bei Frau General für die eindrucksvolle Führung und verabschiedete uns in Richtung Erfrischung. »Wo ham Se denn Kaffee bestellt?« Ich nannte das Lokal und erfuhr noch, dass der Kaffee dort »einen schönen Aroma« hat und wir somit gut gewählt hätten.

Kaffee und Kuchen waren in der Tat ausgezeichnet. Unser Bedarf an Skurrilem war für diesen Nachmittag auch wirklich gedeckt. Wir hatten lange nicht so viel gelacht.

VORLESEZEIT: ca. 9 Minuten

ERZÄHLIMPULSE: skurrile Mitmenschen, Ausflüge und Besichtigungen, Künstler

Was soll das bedeuten?

Es macht mir viel Spaß, zu unterrichten und mein Wissen unter das Volk zu bringen. Ich glaube sogar, dass der große Meister mir dazu Talent gegeben hat, das ich in diversen Studien verfeinern konnte. Und deshalb tummle ich mich in der Altenpflegeschule und in Kursen der Erwachsenenbildung, denn da treffe ich immer auf neue Menschen, die ich mit meinen Lehren mehr oder minder beglücken kann. Manche der Lernenden haben anfangs so ihre Schwierigkeiten damit, mit meinem lockeren Mundwerk umzugehen. Eine Religionslehrerin hatten sie sich eigentlich immer ganz anders vorgestellt. Gesetzter und wohl auch ein wenig langweiliger. Einige kommen schnell dahinter, dass man mich durch geschickt gestellte Fragen leicht zum Plaudern verführen kann.

Was mir nicht so gefällt, ist das Korrigieren von Klausuren, denn dabei bin ich erstens allein in meinem Kämmerchen und zweitens muss man oft nahezu detektivischen Spürsinn entwickeln. Im Zeitalter vom Computer und iPhone gerät die Handschrift immer mehr ins Hintertreffen, was man ihr oft ansieht. Manche Schrift sieht aus, als sei ein besoffenes Huhn über das Blatt gelaufen. Den Paarungstanz der Bienen könnte ich wohl leichter entziffern als die Ergebnisse der Klassenarbeiten. Und das Fach »Schönschrift« gibt es schon lange nicht mehr.

Treffe ich auf so eine Stelle, die ich beim besten Willen nicht entziffern kann, deute ich das als Signal, jetzt eine Pause zu machen. Ich suche meinen persönlichen Hirten in seinem Arbeitszimmer auf und frage, was er aus diesem kryptischen Gekritzel liest. »Söpsel«, sagt er, weiß aber auch nicht, was das ist.

Die nächste Stelle kann ich zwar deutlich lesen, aber leider überhaupt nicht verstehen. Dort steht: »Ich fürchte mich vor dem Messervolk!« Ich sehe der Schülerin gerne nach, dass sie in einer anderen Muttersprache groß geworden ist. Auch ihre Angst vor Völkern mit einem Messer kann ich verstehen, teile sie sogar, aber was hat das Messervolk in einer Klausur zu suchen, in der es um die Qualität von Erzählspielen für ältere Menschen geht. Ich kann nicht schon wieder eine Pause machen, also lese ich das Wort mehrmals laut vor mich hin. Auf einmal fällt es mir wie Schuppen aus den Haaren. Sie meint den Misserfolg! Sherlock Holmes wäre stolz auf mich gewesen!

Beim nächsten Werk lese ich, dass eine Motivationskette sozusagen ein positiver Teufelskreis ist. Das gibt einen Extrapunkt für diese spritzige Formulierung.

Zur Abwechslung gibt es beim nächsten Mal keine Klausur, sondern eine schöne Aufgabe. Die Schüler sollen ein persönliches Büchlein für die älteren Menschen herstellen, mit dessen Hilfe diese sich an viele Einzelheiten aus ihrem Leben erinnern und darüber ins Gespräch kommen können. Eine schöne und ansprechende Aufgabe, die aber leider eine Menge Arbeit macht, weil man Bilder aussuchen, Sprüche dazu finden und alles wohlgeordnet auf den Seiten anbringen muss. Das dauert. Für mich ist es auch deshalb praktisch, weil ich dann zu Hause etwas zum Lesen habe. Gerne korrigieren mein persönlicher Hirte und ich auch gemeinsam. Ich freue mich über viele gelungene Exemplare. Eines ist allerdings dabei, dem sieht man seine Entstehung an. Ganz offensichtlich ist dem Schüler am Vorabend des Abgabetages abends gegen 22.45 Uhr eingefallen, dass er morgen fertig sein muss und noch überhaupt nicht angefangen hat. Ich bin sicher, dass er nächtens einige unschöne Bemerkungen über mich und meine Aufgabe gemacht hat, als er mit dem Schlaf kämpfte, der Kleber aufgebraucht war und seine Motivation gegen null strebte. Vermutlich hat er mich, mindestens in Gedanken, eine blöde Kuh genannt – und vermutlich wiederholt er diese Bemerkung über mich, wenn er die Note für sein nächtliches Werk erhält.

Die notenmäßig hoch dotierten Schüler melden sich im Anschluss an die Rückgabe dann gerne zu einem Referat, mit dem sie ihre Aussichten auf eine passable Note verbessern möchten. Manche legen mir diese Referate in einer solch geschliffenen Sprache vor, dass ich ganz misstrauisch werde. Wenn ich dann den ersten Satz des Werkes in die Suchmaschine »Google« auf meinem Computer eingebe und von ihr augenblicklich auf die Internetseite geführt werde, von der das Referat abgekupfert ist, werde ich sauer. Für wie blöd halten die mich? Ich schicke meinem Freundchen eine Mail, in der ich mich für die Weiterleitung der Internetseite an mich bedanke, und notiere in meinem Notenregister eine satte Sechs.

Was die Schüler nicht unbedingt wissen müssen, ist, dass auch ich früher eine anstrengende Schülerin war. Ich habe geschummelt, war unaufmerksam und manchmal frech, flirttechnisch abgelenkt und gelegentlich faul. Besonders im Lateinunterricht war mit mir kein Staat zu machen. Ich war völlig talentfrei und konnte mich nur dadurch retten, dass ich meine völlige Ahnungslosigkeit hinter einer selbstbewussten Fassade verbarg. Auch ich musste mit Referaten meine Noten entsprechend korrigieren. Aber zu meiner Schulzeit gab es noch keine Computer und Internetverbindungen, sodass ich alles selbst schreiben musste. Wenn es sie allerdings gegeben hätte, hätte ich vielleicht auch abgekupfert.

Jede Marotte unserer Lehrer habe ich schon damals mit Akribie beobachtet und in kleine Geschichten verpackt. Zur Strafe stehe ich nun auf der anderen Seite des Pultes. Und ich kann Ihnen sagen, die Aussicht ist hier besser.

VORLESEZEIT: ca. 8 Minuten

ERZÄHLIMPULSE: Erinnerungen an die Schulzeit und an Lehrer, eigene unterrichtende Tätigkeit, Schummeln in Klausuren oder Klassenarbeiten

Badetag

Ein Badetag war früher eine aufregende Angelegenheit. Man stieg nicht einfach unter die Dusche, denn diese gab es in vielen Häusern damals noch nicht. Oft gab es auch keine Toilette im Haus oder in der Wohnung. Die war oft im Stall oder in einem Häuschen mit Herz außerhalb des Hauses. Selbst fließendes Wasser gab es nicht immer, heißes schon gar nicht. Wenn bei uns zu Hause Badetag war, dann war das meist an einem Sonnabend, außer am Tag vor Weihnachten, da war es egal, welcher Wochentag war. In der Küche war gut eingeheizt und vor dem Ofen standen zwei Stühle, die mit den Sitzflächen aneinandergestellt waren. Dazwischen stand eine Zinkwanne, die mit warmem Wasser gefüllt wurde. Als Badezusatz nahm man Fichtennadelschaumbad aus einer grünen Flasche in Familiengröße. Für den Kopf gab es Eiershampoo, mit dem ganz am Ende des Badetages auch noch der Hund gebadet wurde.

An solchen Tagen war ich immer froh, keine Geschwister zu haben, denn ich als Kleinste durfte ja immer als Erste ins Wasser. Meine Freundinnen waren oft erst das dritte oder vierte Kind, das baden durfte. Es wurde zwar heißes Wasser nachgegossen, gewechselt wurde es jedoch nicht.

In der Erinnerung an diese Badetage spüre ich noch das leichte Knirschen unter dem Allerwertesten, das durch den Belag der Zinkwanne ausgelöst wurde. Geplanscht werden durfte eher nicht, denn dann hätte ja meine Mutter hinterher die ganze Küche wieder auffeudeln müssen.

Wenn ich aus der Wanne gestiegen war, gab es ein in der Ofenklappe angewärmtes Handtuch zum Abtrocknen. Da ich als Kind sehr lange Haare hatte, kam dann eine eher anstrengende Prozedur, denn die Haare mussten gekämmt werden. Das ziepte, weil sich die Haare durch das Waschen und Trocknen verheddert hatten. Die Belohnung für das Stillhalten folgte aber bald. Es gab einen frischen Schlafanzug. Und ich will Ihnen sagen, wenn ich dann noch ein bisschen mit Mama und Papa fernsehen durfte, dann war ich mit dem Leben wieder versöhnt. Die Krönung der schönen Stunden war allerdings erst dann erreicht, wenn es beim Fernsehen noch einen Toast Hawaii gab. Wenn nur die Ananasstückchen nicht immer so heiß gewesen wären!

VORLESEZEIT: ca. 3 Minuten

ERZÄHLIMPULSE: Badetag in der Kindheit, Veränderungen bei den sanitären Anlagen, Gewohnheiten von früher, schöne Erinnerungen

Pfarrhausküche

Man sagt, meine Küche sei von guter Qualität. Das war sie aber nicht immer. Meine Mutter hatte sich in den Kopf gesetzt, mir die Grundbegriffe des Kochens beizubringen, damit ich später mal meinen Mann auch ordentlich versorgen könnte. Mit meinen beginnenden emanzipatorischen Ideen im Kopf fand ich das natürlich total doof, aber es gab kein Entrinnen. Jeden Sonntag musste ich kochen, und zwar so lange, bis ich die Standardgerichte aus dem Effeff und ohne Kochbuch beherrschte. Dazu gehörten Rouladen, Braten, Gemüse, Hühnersuppe und Frikassee. Dass ich als 14-jähriges Junghuhn das nicht unbedingt so prickelnd fand, werden Sie sich vorstellen können. Inzwischen jedenfalls kalendarisch erwachsen geworden, bin ich meiner Mutter aber dankbar für die Konsequenz, mit der sie ihre Erziehungsmaßnahme meinem Protest und meinem Maulen zum Trotz durchsetzte. Wenn ich auch heute ganz anders koche, kommen mir die Grundlagen doch sehr zugute.

Dennoch: Das erste Essen, das ich für meinen späteren Mann und persönlichen Hirten kochte, war eine Herausforderung. Wie man sich vorstellen kann, war ich einigermaßen aufgeregt, schließlich wollte ich ihm gefallen. Weil ich schon wusste, dass er für Italien schwärmt, entschied ich mich für Lasagne. Es duftete lecker, aber die Nudelblätter wurden viel zu hart und dunkel. Vielleicht sollte ich den Tisch nur mit Kerzenlicht erhellen, dann würde er das nicht so sehen. Oder sollte ich lieber Musik anstellen, damit man beim Kauen das laute Knacken der Platten nicht so hörte?

Beim Öffnen des Rotweins ging erst einmal der Korkenzieher kaputt, sodass ich zu meiner Vermieterin gehen musste, um einen Ersatz zu beschaffen. Sie war leider sehr neugierig und wollte nun erst einmal genauer wissen, was ich denn kochen und vor allem, für wen ich es kochen würde. Ich murmelte etwas von einem Kollegen und einem Arbeitsessen. An ihrem süffisanten Lächeln sah ich aber sofort, dass sie mir nicht glaubte. Sie hatte schon lange wissbegierig auf den silberfarbenen Mitsubishi geschaut, der so oft vor dem Haus stand. Sie führte sogar Buch darüber, wie oft und wie lange er da gestanden hatte.

Egal. Der Abend verlief sehr schön. Und weil er auch schon in mich verliebt war, hat er nicht über die harten Nudeln gemeckert. Diese Schlacht hatte ich also schon mal gewonnen.

Im Pfarrhaus wurden meine Kochkünste dann weiter stark in Anspruch genommen. Es gab immer mal einen Anlass, für den ich etwas zaubern musste. Gäste kamen und gingen, Brüder der Landstraße wollten gerne einen Eintopf und Konfirmanden einen Kuchen.

Besondere Herausforderungen waren Gemeindefahrten, bei denen es vor allem um Mengen ging.

Für 40 Leute kocht es sich anders als für zwei. Musste ich die Jugendlichen bei der Sommerfahrt zur Mithilfe in der Küche motivieren, erfuhr ich die Rache für meine eigene Maulerei in der Jugendzeit. So mancher Knabe und auch manches Mägdelein begriff erst dort, dass man Salat nicht mit kochendem Wasser abwäscht und Aprikosenmilch besser nicht mit Salz abgeschmeckt wird. Beim Tischdecken durch eine große Fettlache von den Pommes am Vorabend zu latschen und so das Fett im ganzen Raum zu verteilen, auch das kommt nicht wirklich gut, selbst wenn das dadurch entstehende Motiv auf dem Fußboden aussieht wie ein Ölbaum auf Terrakotta. Manche waren, was Küchenarbeit angeht, von einer völligen Ahnungslosigkeit und empfanden die Aufforderung, dabei mitzuhelfen, als völlig unangebracht und unter ihrem Niveau. Ich nicht!

Wenn wir mit Erwachsenen unterwegs waren, dann war alles viel einfacher. Gestandene Hausfrauen halfen umsichtig mit, wollten dafür aber auch in die Geheimnisse italienischer Küche eingeweiht werden. Vor allem einer der männlichen Teilnehmer war uns eine besondere Hilfe. Er hatte sich selbst den Spitznamen »Spencer« zugelegt. Mit dem Messer konnte er umgehen wie ein echter Profi. Man konnte kaum so schnell gucken, wie er schnitt. Unter seinen flinken Händen verwandelten sich so manche Knoblauchzehen in kleinste Würfel, so manche Zucchini in akkurate Spalten und so mancher Pilz in feinste Blätter. Im richtigen Leben war er Finanzbeamter, was dazu führte, dass unser Bild von dieser Spezies Mensch, mit der wir ja irgendwie alle unsere Erfahrungen haben, nach der Fahrt völlig auf den Kopf gestellt worden war. Da passte nichts mehr. Wenn er mit dem Kugelschreiber so schnell wäre wie mit dem Messer, dann hätten die Steuersünder aber gar nichts mehr zu lachen.

Wenn wir von so einer Fahrt zurückkamen, dann gab es zu Hause immer erst mal ein Problem. Ich hatte zwei Wochen das Salz mit vollen Händen in die Töpfe geschüttet, was ich mir zu Hause erst einmal wieder abgewöhnen musste. Auch die Pfeffer- und Muskatmengen waren langsam wieder anzupassen. Bis das vollständig geschehen war, gab es die eine oder andere Krise in der Küche. Beim Einkaufen war es ganz ähnlich. Da hatte ich zwei Wochen lang immer mindestens zwei große Einkaufswagen bis an den Rand gefüllt und sollte nun wieder mit einer kleinen Tasche all das nach Hause bringen, was nötig war. Außerdem war es beim Essen auf einmal wieder so leise.

VORLESEZEIT: ca. 6 Minuten

ERZÄHLIMPULSE: Reisen in Gruppen, Essen und Trinken, Missgeschicke beim Kochen, Vorurteile und deren Abbau

Was Gegenstände erzählen könnten

Menschen im Umfeld der Seniorenarbeit sind immer auch Jäger und Sammler. Sie horten alte Gegenstände mit dem Gedanken, damit könne man noch mal etwas machen. Denn nicht nur Menschen können Geschichten erzählen, auch Gegenstände verraten viel darüber, was sie alles erlebt haben. Wenn man bei Besuchen mit aufmerksamen Augen durch das Wohnzimmer des Besuchten spaziert, kann man sie entdecken, die erzählenden Gegenstände. Ich bin wohl ein Paradebeispiel für so eine Jägerin und Sammlerin, denn in meinem Arbeitszimmer geben sich viele solch alter Gegenstände ein Stelldichein. Von manchen dieser Antiquitäten kenne ich die Geschichte, von manchen kann ich sie nur erahnen. Und Sie erhalten nun ausnahmsweise die Gelegenheit, einen Blick in dieses Arbeitszimmer zu werfen. Aber bitte erzählen Sie meiner Mutter nicht, wie es dort aussieht, denn sie hätte so gerne eine ordentliche Tochter.

Da ist zum Beispiel die alte Nähmaschine, die aufpoliert und dekorativ an der Wand steht. Sie hat einen Deckel, der von mehreren Einschüssen getroffen worden ist. Sie muss also einen Beschuss miterlebt haben, aber sie ist gerettet worden. Sicherlich hat sie viele Kleidungsstücke unter ihrer flink auf und ab stichelnden Nadel entstehen lassen. Dann hat sie vielleicht viele Jahre eher unbenutzt in einem Keller oder einer Garage gestanden, denn ihr Gestell ist an einigen Ecken doch ziemlich rostig. Der Lederriemen, die Schwachstelle vieler Nähmaschinen, ist ganz offensichtlich ersetzt worden, denn er ist viel neuer als die übrigen Bestandteile der Maschine. Sie funktioniert noch einwandfrei und ist viel zu schade, weggeworfen zu werden.

Gleich neben der Nähmaschine liegt der alte Kirchgangshut meiner Großmutter, den sie immer nur am Sonntag zum Besuch des Gottesdienstes getragen hat. Es war ihr einziger Hut und sie hat lange dafür sparen müssen, um ihn sich kaufen zu können. Der Hut ist genauso klein, wie meine Großmutter es war. Und die drei kleinen Perlen, die an der Seite des Hutes angebracht sind, stellen den einzigen Schmuck dar, sowohl des Hutes als auch der Großmutter.

Ein Stückchen weiter befindet sich der hölzerne Griffelkasten, mit dem meine Mutter während ihrer ersten Schuljahre auskommen musste. Er hat sogar die Flucht aus Schlesien heil überstanden. Einmal muss ihr etwas Tinte ausgelaufen sein, denn im Inneren sind dunkelblaue Flecken. Und oben auf der Abdeckung ist ein Brandfleck. Ich vermute, dass es im Unterricht einmal eine adventliche Stunde gegeben hat, bei der sie eine Kerze daraufstellen durfte, die dann zu weit nach unten gebrannt ist.

Dann ist da noch eine alte Handarbeit, auf der die verschiedenen Sticktechniken zu sehen sind. Kreuzstich, Plattstich, Hohlsaum, gestickte Blüten, alles fein säuberlich Reihe für Reihe gearbeitet. Sicherlich ist diese Arbeit im Handarbeitsunterricht entstanden, den ja früher die Mädchen noch in der Schule hatten.

Im Regal steht ein altes Bilderbuch, in dem noch die Sütterlinschrift benutzt wurde. Kinderreime sind dort zu lesen, die allesamt hübsch illustriert sind. Die Ecken des Buches sind allerdings arg geknickt, sodass ich vermuten kann, dass es oft gelesen wurde. »Das ist der Daumen, der schüttelt die Pflaumen, der hebt sie auf, der trägt sie nach Haus, und der kleine Schelm isst sie alle, alle auf!« An dieses Fingerspiel kann ich mich auch noch erinnern.

In der Ecke liegt ein kleiner, alter Koffer, dessen Eigengewicht schon so groß ist, dass man damit die Gewichtsbegrenzung für ein Gepäckstück am Flughafen ohne ein einziges eingepacktes Kleidungsstück bereits überschritten hätte. Wohin dieser Koffer wohl überall schon gereist ist? Und was war alles in dem Koffer?

Die alte Stehlampe auf dem kleinen Tisch hat inzwischen einen total vergilbten Schirm, aber ich kann mir vorstellen, dass sie beim Lesen unzähliger Bücher geleuchtet hat. Ihr gemütliches Licht schenkte die Geborgenheit, die so wichtig war, um sich in den Inhalt vertiefen zu können.

Die Strumpftasche mit dem geblümten Muster dort neben der Lampe hat sicherlich schon viele Strümpfe beherbergt. Viel zu schade waren die feinen Strümpfe dafür, achtlos in eine Schublade gelegt zu werden. Wie leicht könnte beim Herausnehmen eine Laufmasche entstehen, wenn das zarte Gewebe über das raue Holz gezogen würde.

Manchmal stelle ich mir vor, die Gegenstände könnten um Mitternacht zu erzählen beginnen von ihren Abenteuern und von ihrem Alltag. Dann würden sie ihre Geheimnisse preisgeben, aber meistens schlafe ich dann schon. Schade.

VORLESEZEIT: ca. 7 Minuten

ERZÄHLIMPULSE: kleine Antiquitäten und Erinnerungsstücke und deren Geschichte, was haben die Zuhörerinnen und Zuhörer noch an alten Gegenständen zu Hause?

Vorurteile

Ich weiß ja nicht, wie es Ihnen geht, aber ich wäre gerne ein vorurteilsfreier Mensch. Leider klappt das nicht immer so, wie ich das gerne hätte. Wenn abends in der Dämmerung ein großer und breitschultriger Mann vor unserer Haustür steht, der seinen Namen nicht sagen will, mir den Rücken zudreht und in den Taschen seiner Lederjacke nach etwas kramt, dann fange ich an, mich zu fürchten. Der Geruch von billigem Fusel, der ihn umgibt, ist auch nicht gerade eine vertrauensbildende Maßnahme. Mein Mann und persönlicher Hirte ist nicht im Haus und die Katzen sind mir auch keine wirkliche Hilfe.

Blitzschnell läuft vor meinen Augen ein Tatort ab, in dem ich die Rolle des Opfers spiele. Wenn ich dann die Tür schließe und der befremdliche Genosse an dieselbe zu ballern beginnt, dann ist aus meinem Vorurteil schnell ein Urteil geworden.

Aber manchmal werden die Vorurteile auf wundersame Weise abgebaut. Wir waren auf dem Rückflug von Venedig nach Hannover. Leider gab es dabei eine mehrere Stunden dauernde Verspätung, die wir erdulden mussten. Als uns die Hiobsbotschaft erreichte, standen wir in einer endlos langen Schlange vor dem Schalter unserer Fluggesellschaft und warteten auf konkretere Informationen. Hinter uns standen zwei junge Männer, die sämtliche Klischees meiner Vorurteile über Punker bestätigten. Irokesenschnitt, Sicherheitsnadeln im Ohr und an der Hose, rasselnde Ketten und so viele Piercings, dass man sie mit einem Magnet locker durch die Flughafenhalle hätte ziehen können. Tattoos überzogen weite Teile ihrer Haut. Wie es an den derzeit bedeckten Körperteilen aussah, mochte ich mir gar nicht vorstellen. Die Ansage, dass wir mindestens fünf Stunden würden warten müssen, bestürzte sie tief, denn sie hatten zusammen noch genau einen Euro und nichts mehr zu essen, zu trinken und zu rauchen. Die Ketten rasselten, aber das half auch nichts.

Mein Mann und ich schauten uns kurz an und nickten uns zu. Ich drehte mich zu den beiden um und lud sie ein, doch mit uns zusammen auf das Flugzeug zu warten. Wir würden ihnen gerne einen Kaffee spendieren. Auch die beiden schauten sich kurz an und nickten sich zu. In ihren Augen waren wir gewiss ziemlich spießig. Aber die Einladung fanden sie nobel und nahmen sie gerne an.

Dann haben wir uns die ganze Wartezeit über mit den beiden auf angenehme Weise unterhalten, gegessen, getrunken. Sie fanden das echt krass, dass wir sie einluden, obwohl wir sie gar nicht kannten. Und dass wir bei Kirchens arbeiten, fanden sie noch krasser. Einen Pastor hatten sie sich eigentlich ganz anders vorgestellt. Vor allem älter und nicht so spendabel.

Die Irokesenschnitte wurden immer unwichtiger. Auch das Kettenrasseln störte mich nicht mehr. Und solange ich die Piercings nicht in meinem Gesicht haben musste, waren auch sie mir inzwischen egal. Ein Tattoo wollte ich zwar immer noch nicht, aber wenn es ihnen gefiel, sollte es mir egal sein.

Obwohl ich ziemlich sicher bin, dass die beiden dieses Buch niemals lesen werden, weil sie es ziemlich uncool fänden, grüße ich sie mit dieser Geschichte ganz herzlich und bedanke mich für diese kostenlose Nachhilfestunde in Sachen Vorurteil.

VORLESEZEIT: ca. 5 Minuten

ERZÄHLIMPULSE: Vorurteile, ungewöhnliches Aussehen von Menschen, unerwartet angenehme Gespräche

Der Onkel aus Amerika

Der Bruder meiner Großmutter war als junger Mann nach Amerika ausgewandert. Deshalb spitzten mein Vater und seine Geschwister bei dem Stichwort »Amerika« immer besonders die Ohren. Ganz und gar fantastisch kam ihnen das vor, was der Onkel in seinen Briefen aus dem Land der unbegrenzten Möglichkeiten schrieb. Mit seinem Leben dort verbanden sie Wolkenkratzer, Goldklumpen und Tellerwäscher, die zu Millionären werden konnten. Sie hatten ihn zwar noch nie gesehen, aber dennoch war er ihnen ganz vertraut. Sie wünschten sich sehr, ihn endlich einmal auch persönlich kennenzulernen. Das sollte bald der Fall sein, allerdings ganz anders, als sie sich das vorgestellt hatten. Am besten, ich lasse meinen Vater diese Geschichte erzählen:

Ich erinnere mich noch sehr genau an den Brief mit den unbekannten und bunten Marken, der uns Anfang Dezember ins Haus flatterte. Wir lebten auf einem kleinen Bauernhof, der schon seit Urzeiten unserer Familie gehörte. Wir hatten zwar eigentlich alles, was wir brauchten, aber für besondere Wünsche war kein Geld da. Und dann stand da in dem Brief, dass uns unser Onkel aus Amerika zu Weihnachten besuchen würde und – nun kommt's – dass er das Wichtigste mitbringen würde.

Klar, das Wichtigste an Weihnachten sind die

Geschenke, da waren wir Kinder uns einig. Die Erwachsenen fanden das auch, wollten es aber nicht zugeben und redeten stattdessen etwas von Familie und Zusammengehören und Gemütlichkeit. Ja, doch, das ist ja auch alles ganz schön, aber wenn der Onkel aus Amerika käme, dann wäre mal so richtig Weihnachten. Amerika, das war für uns das Land der unbegrenzten Möglichkeiten. Reich würde er sein, der Onkel, könnte er sich sonst so eine Reise leisten? Wir kannten ihn nur aus Erzählungen. Er war der Bruder meiner Mutter und war vor vielen Jahren nach Amerika ausgewandert.

Ob man ihm einen Wunschzettel schicken könnte? Oder war das zu aufdringlich? Die Eltern waren dagegen, und allein trauten wir uns nicht. Abends in den Betten erzählten wir uns gegenseitig, wie wir uns den Onkel vorstellten, was er uns wohl mitbringen könnte, und dabei gerieten wir sehr ins Träumen. Und über diesen Träumen schliefen wir irgendwann mit seligem Lächeln ein, um nachts in unseren Träumen diese herrlichen Dinge alle wirklich zu besitzen. Ein elektrisches Auto, eine Puppe, die sprechen kann, ein silberner Füller – all diese Herrlichkeiten tanzten im Schlaf vor unseren Augen herum und bevölkerten Nacht für Nacht unsere Träume.

Und auch bei unseren Eltern tat sich etwas. Sie räumten ein Zimmer aus, damit der Onkel auch gebührend würde schlafen können. Schließlich wollte man ihm die Ehre erweisen, damit er auch wirklich großzügig wäre beim Verteilen der Geschenke. Unsere Mutter erzählte abends oft von unserem Onkel, der dadurch immer realer wurde. Wir hätten uns nicht gewundert, wenn er jetzt gleich durch die große Haustür gekommen wäre. Aber wir mussten ja noch warten, warten und hoffen.

Das Wichtigste bringt er mit, hatte er geschrieben. Daran klammerten sich all unsere Wünsche und Hoffnungen.

Ausführlich wurde das Weihnachtsessen geplant. Mutter erinnerte sich an alles, was der Onkel gerne gegessen hatte, und all das sollte er auch bekommen, denn ... das Wichtigste würde er ja mitbringen.

Und endlich kam der Tag, an dem die Ankunft des Onkels nun unmittelbar bevorstand. Wie groß wohl sein Koffer sein würde? Oder ob er gleich mehrere hätte? Wenn wirklich das elektrische Auto, die Puppe, der Füller und ja sicherlich auch noch Geschenke für die Eltern dabei wären, käme er mit einem Koffer sicherlich – oder hoffentlich – nicht aus.

Wir halfen ohne zu murren bei der Hausarbeit, während Vater den Gast abholte. Doch schon beim ersten Wahrnehmen des Motorengeräusches gab es kein Halten mehr. Wir stürmten nach draußen, um den Onkel zu begrüßen. Vorsichtig schauten wir auf sein Gepäck. Es war ansehnlich, wenn auch nicht riesig. Und vor allem war ein alter Holzkasten dabei, der nicht besonders vielversprechend aussah. Aber wir mussten uns noch in Geduld üben. Erst erzählten die Erwachsenen viel, wir wurden nach unseren Leistungen in der Schule gefragt und mussten unsere letzten Zeugnisse vorzeigen.

Am nächsten Morgen war der Onkel schon in der Küche, als wir alle zum Frühstück kamen, außer Mutter natürlich, die ja schon den Kaffee zubereitet und das Brot aufgeschnitten hatte.

Der Onkel schaute neugierig in die gute Stube und fragte nach dem Platz für das, was er mitgebracht hatte. »Wohin soll ich sie stellen?«, fragte er, und mit »sie« waren natürlich die Geschenke gemeint – das Wichtigste, das er ja mitbringen wollte.

»Wir haben sie sonst immer unter den Baum gelegt!«, antwortete unsere Mutter, und darauf reagierte der Onkel irgendwie merkwürdig. »Auf den Boden? Das ist doch viel zu kostbar!«

Die Eltern schauten sich an. So reich war der Onkel also, dass seine Geschenke nicht einmal auf dem Boden liegen durften. Vielleicht hätten sie ihm doch das größere Zimmer ausräumen sollen.

»Ich würde sie lieber auf dem kleinen Tischchen aufbauen. Ist das recht?«

Eifrig stimmten die Eltern zu. Und wir Kinder hatten fast schon aufgehört zu atmen, so gespannt waren wir. Aber es sollte noch bis zum Nachmittag dauern, bis wir endlich genau wissen sollten, was es mit dem »Wichtigsten« auf sich hatte, das der Onkel mitgebracht hatte. So lange stand der Holzkasten auf dem Tischchen, und wir trauten uns nicht einmal richtig nahe an ihn heran.

Und dann, am Nachmittag, öffnete der Onkel endlich seine Holzkiste und holte daraus, die Spannung war kaum noch zu ertragen, alle Figuren, die zur Krippe gehörten. Maria und Josef, die Hirten, die Tiere, den Stall, die Könige. Kunstvoll geschnitzt waren sie, und beinahe ehrfürchtig rieb er jede Figur mit einem Lappen ab.

»Ja, da staunt ihr, was? Das sind die alten Krippenfiguren, die mein Vater mir damals mit in die Neue Welt gegeben hat, als ich ausgewandert bin. Ich fand, sie sollten wieder zurück in unser Elternhaus. Sie sind doch das Wichtigste an Weihnachten. Sie nehmen uns mit hinein in die Geschichte der Geburt im Stall von Bethlehem. Denn nur, wenn wir auch an der Krippe stehen, wird diese Geschichte zu unserer Geschichte.«

Wir schämten uns alle ein bisschen, dass wir die Geschenke für das Wichtigste gehalten hatten, aber das brauchte der Onkel ja nicht zu wissen. Und ein Geschenk hat er trotzdem für jeden mitgebracht.

VORLESEZEIT: ca. 7 Minuten

ERZÄHLIMPULSE: Besuch zu Weihnachten, unerwartete Geschenke, das Wichtigste an Weihnachten

Über den Wolken

Auf dem Flug nach Italien habe ich dieses Mal eine herrliche Sicht. Von ganz hoch oben kann ich die Alpen erkennen und mit ihnen die große Kraft, die gewirkt haben muss, um sie entstehen zu lassen. Wie zusammengeknülltes Butterbrotpapier sehen die mächtigen Gipfel aus, und ich komme mir so klein und winzig vor.

Über die Alpen trage ich in Gedanken meine Vorfreude auf ein paar freie Tage vor mir her. Ich hoffe auf Sonne, auf nette Menschen, schöne Eindrücke, auf eine gute Zeit mit mir selbst. Und ich werfe in Gedanken alle Anstrengungen der letzten Tage und Wochen durch das kleine Fenster des Flugzeuges. Nun bin ich frei, über den Wolken, grenzenlos frei. Kann ich dieses Gefühl mitnehmen in die wenigen Urlaubstage, oder werden sich schnell wieder die Gedanken an die anstehenden Aufgaben und Pflichten einstellen? Bin ich nur über den Wolken frei?

Nein, der Urlaub ist ein Geschenk und will mir zeigen, dass ich nicht nur dann etwas gelte, wenn ich Leistung erbringe. Bei Gott zähle ich ohne alles Vorzeigbare, einfach nur ich als Mensch. Bei ihm bin ich immer frei, sogar so frei, mich gegen ihn zu entscheiden, aber das will ich ja gar nicht. Dennoch ist diese Freiheit gut, weil sie mich umso fester an ihn bindet, als jeder Zwang das könnte.

Worte aus dem Lied von Reinhard Mey schleichen sich in meine Gedanken. Ich summe leise mit, und die Worte bilden sich wie von selbst in meinem Gedächtnis.

»Über den Wolken muss die Freiheit wohl grenzenlos sein. Alle Ängste, alle Sorgen, sagt man, blieben darunter verborgen und dann würde, was uns groß und wichtig erscheint, plötzlich nichtig und klein.«

Ja, daran will ich in diesen Urlaubstagen denken, dass all das, was mir so unendlich wichtig erscheint an Terminen und Aufgaben, an Pflichten und Druck, jetzt ganz klein wird. Meine Angst und Sorge, immer wieder nicht gut genug zu sein, nicht alles zu schaffen, was von mir erwartet wird, das hat jetzt Pause. Ich werfe es über den Alpen in den ewigen Schnee. Möge es dort liegen bleiben und festfrieren.

VORLESEZEIT: ca. 3 Minuten

ERZÄHLIMPULSE: geschenkte Freiheit, Urlaubsgedanken, Termindruck

Ohne Risiken und Nebenwirkungen

23 Jahre seines Lebens schläft ein Mensch im Durchschnitt. Das ist ganz schön lange, aber wir schlafen ja nicht am Stück, sondern bestenfalls zwischen sechs und acht Stunden jede Nacht. Leider schlafen viele Menschen aber nicht gut. Sie schlafen schlecht ein oder liegen in der Nacht wach und können nicht wieder einschlafen.

Dabei kommt man leicht ins Grübeln, und die vielen dunklen Gedanken verhindern erst recht, dass man wieder einschlafen kann.

Ich kenne ein Schlafmittel völlig ohne Risiken und Nebenwirkungen, und Sie brauchen auch nicht den Arzt oder Apotheker zu befragen. Es ist ein Gang durch das Alphabet, bei dem man die Aufgabe hat, zu jedem Buchstaben einen Grund zu finden, warum man dankbar sein kann und woraus man Freude schöpft.

Mein ABC des Dankens sieht so aus:

A wie Abendrot, das sich über den Himmel spannt und mich ahnen lässt, wie weit und groß alles ist.

B wie das tägliche Brot, das wir heute immer haben.

C wie Christus und sein Leben, das uns so viel von der Liebe Gottes gezeigt hat.

D wie Demut und das Wissen darüber, dass ich auch ohne Leistung von Gott geliebt bin.

E wie Ernte, das Korn, das wir sammeln, die Früchte des Feldes, die Beeren im Garten.

F wie Freude, die jeder Tag neben aller Mühsal auch in sich trägt und die sich für mich entfalten will.

G wie der Garten mit seinen Blumen und Schmetterlingen.

H wie Hilfe, die mir jemand schenkt, ohne dass ich damit gerechnet habe.

I wie ich, denn ich bin einmalig und unverwechselbar. Mich hat Gott nur einmal gedacht. Ich bin sein genialer Gedanke.

J wie ja, denn das sagt Gott zu mir, jeden Tag neu, sogar dann, wenn ich nein sage.

K wie Kinder, deren Lachen mich erfreut und die in ihrem Spiel sich und die Welt vergessen.

L wie Liebe, die zwischen uns Menschen und die, die Gott uns schenkt.

M wie Musik, die zu mir vordringt und in die ich eintauchen kann.

N wie Natur mit all ihrer Schönheit, die Gott für uns Menschen gemacht hat, damit wir auf sie achten dürfen.

O wie Offenheit, mit der Menschen mir entgegenkommen und mit der ich ihnen begegnen kann.

P wie Pantoffeln, die ich nach einem langen Tag am Abend anziehen kann und in denen meine müden Füße sich ausruhen.

Q wie Quatsch, denn das darf ich manchmal denken und sagen, wenn jemand mich ärgert.

R wie Reise, die Auszeit, der Urlaub, der mich aufatmen lässt und mir neue Impulse schenkt.

S wie Segen, der sich wie ein Kraftfeld um mich ausbreiten will.

T wie Tee, ein köstlicher Tee, der mich erfrischt und den ich vielleicht mit jemandem trinke und der uns beide in ein gutes Gespräch verwickelt.

U wie die Uffizien in Florenz, diese herrliche Kunstsammlung, die ich einmal besuchen durfte.

W wie wir, denn ich gehöre zu einer Gemeinschaft, in der ich aufgehoben und geborgen bin.

In die Verlegenheit, mir für die Buchstaben X, Y und Z etwas ausdenken zu müssen bin ich noch nie gekommen, denn da schlafe ich dann schon längst wieder.

Und wissen Sie, was das besonders Schöne daran ist? Bei der vielen Freude und dem Dank, der sich dabei in mir ausbreitet, komme ich gar nicht mehr zum Klagen. Das Leben kommt mir auf einmal so wunderbar vor.

VORLESEDAUER ca. 6 Minuten

ERZÄHLIMPULSE: Schlafgewohnheiten, Dankbarkeit, nächtliches Grübeln

Traditionen bewahren

Viele ältere Menschen klagen immer wieder, dass sie nichts mehr tun könnten. Ich finde, das stimmt nicht, denn es gibt etwas, was nur ältere Menschen können, nämlich Traditionen bewahren.

Jüngere Leute können nur noch selten ein Feuer in einem Ofen anzünden. Vor einem intakten Ofen und mit reichlich Holz müssten sie trotzdem frieren. Auch Marmelade oder Gelee selber herstellen ist selten geworden. Zu groß ist das Angebot in Supermärkten, doch dem Vergleich zu Selbstgemachtem können sie nicht standhalten.

Und was hat man früher nicht alles selber gemacht! Sauerkraut duftete in großen Steintöpfen vor sich hin. Salzgurken reiften in kleinen Fässern. Nach dem Schlachten wurde selber Wurst gemacht, oft nach eigenen Familienrezepten. Salzbohnen wurden in einen Topf gepresst. Unter dem Dach des Bauernhauses räucherten die Würste und der Schinken vor sich hin, die erst beim ersten Ruf des Kuckucks angeschnitten werden durften. Frisch geerntete Bohnen und Erbsen wurden direkt vom Feld eingekocht, sodass man im tiefsten Winter reichlich zu essen hatte. Auch Erdbeeren, Birnen und Pflaumen fanden ihren Weg in große Einmachgläser, die in den Regalen im Keller der Stolz der Hausfrau waren.

Meine Großmutter hat noch Tee selbst gesammelt und getrocknet. Und weil es ihn nirgendwo zu kaufen gab, haben wir ihn »Omi-Wüsting-Tee« genannt. Huflattich, Breitwegerich, Spitzwegerich und Kamille waren darin und sicherlich noch mehr, aber das habe ich vergessen. Sie wusste es.

Heute ist es meistens das Ende einer Bluse oder einer Hose, wenn sie einen Riss hat oder wenn irgendwo ein Reißverschluss kaputt ist. Früher wurde so ein Schaden ohne viel Federlesens mit der Nähmaschine behoben. Ganze Kleider entstanden unter den geschickten Händen der Frauen.

Auch bei der Gestaltung der Feste und Feiern knüpfte man an alte Traditionen an. Der Pfingststrauch vor der Tür oder die gebundene Erntekrone gehörten selbstverständlich zum Ortsbild. Heute haben wir zwar alle zu Pfingsten frei, aber kaum jemand kann noch sagen, warum.

Es ist doch schade, wenn so viele Traditionen und Bräuche untergehen. Wir können sie nur lebendig erhalten, wenn wir bereit sind, von den alten Menschen zu lernen, und wenn die alten Menschen bereit sind, uns davon zu erzählen.

VORLESEDAUER ca. 3 Minuten

ERZÄHLIMPULSE: Traditionen, alte Rezepte, Bräuche und deren Weitergabe

Gut gebrüllt, Löwe

Mit dem alten Bauernhaus ganz weit draußen auf dem Land hatte sich die junge Familie einen Traum erfüllt. Inmitten der Natur konnten die Kinder ganz unbeschwert aufwachsen, die Pferde hatten ihre eigene Weide und die drei Jagdhunde konnten herumtollen, wie sie wollten. Manchmal allerdings hatte die Einsamkeit hier draußen aber auch ihre Tücken. Nicht einmal Handy-Empfang gab es hier. Eines Abends, der Mann war auf Geschäftsreise und die Kinder schliefen schon, ging die Frau, nennen wir sie Elfi, noch einmal mit den Hunden raus. Ein Stück vom Haus entfernt hörte Elfi auf einmal ein lautes Gebrüll, das sich so anhörte, als seien es Löwen. Die Hunde, die sonst gerne ein Stück vorausliefen, blieben ganz ohne das Kommando »Bei Fuß!« bei Fuß. »Quatsch! Das kann doch nicht sein. Das bildest du dir ein. Du musst dich verhört haben!«, sagte Elfi zu sich selber. Aber da war das Brüllen schon wieder, diesmal noch etwas lauter, fast so, als könnten es zwei oder drei Tiere sein.

Die Hunde drängten zurück nach Hause, und auch Elfi beschleunigte ihren Schritt. Schließlich gab es ganz in der Nähe einen Zoo, in dem auch Löwen lebten. Wenn die nun ausgebrochen wären? Nicht auszudenken, in welcher Gefahr sie sich dann befände. Im Haus angekommen, schloss Elfi sämtliche Türen und Fenster. Mehrmals kontrollierte sie die Schlösser. Dann griff sie entschlossen zum Telefonhörer und wählte die Nummer der Polizei. Der Beamte am anderen Ende war zwar freundlich, aber auch skeptisch, als er von dem Löwengebrüll im Busch hörte. Doch Elfi versicherte glaubhaft, dies sei kein Scherzanruf und der Polizist möge doch bitte sofort kommen. Obwohl sie den Polizisten durchs Telefon natürlich nicht sah, konnte Elfi sein Kopfschütteln deutlich wahrnehmen. Aber der Beamte machte sich trotzdem auf den Weg zu dem entlegenen Haus.

Ängstlich wartete Elfi auf den Freund und Helfer. Zum Glück dauerte es nicht lange, bis er kam. Gemeinsam machten sich die beiden auf den Weg, auf dem Elfi vorhin das Brüllen gehört hatte. Fast erleichtert war sie, als das Brüllen wirklich wieder ertönte. Nun konnte der Polizist wenigstens selbst hören, dass Elfis Anruf nicht das Ergebnis einer hysterischen Attacke war. Und wie vorhin die Hunde drängte auch der Polizist zurück ins Haus. Er wollte Verstärkung holen, kam dann aber zuerst auf die Idee, im Zoo anzurufen und nach den Löwen zu fragen. Der Zoodirektor staunte nicht schlecht, als ihn der Anruf der Polizei zu so später Stunde erreichte. Er war sich sicher, dass alle Löwen im Löwenhaus waren, ging aber vorsichtshalber doch noch einmal nachzählen.

Verstärkung wollte der Polizist erst einmal nicht rufen. Er hatte keine Lust, sich vor seinen Kollegen lächerlich zu machen. Noch einmal trat er vor die

Tür, als es wieder brüllte. Was konnte das nur sein? Ein Anruf bei der Hubschrauberstaffel führte schließlich dazu, dass man mit Wärmebildkameras über das Gelände flog. Immerhin war es inzwischen beinahe Mitternacht geworden und der Mond war nicht zu sehen, stockfinstere Nacht also. Die Zeit wollte nicht vergehen. Ein »Tatort« im Fernsehen war nichts gegen die Spannung hier im Haus.

Endlich kam der erlösende Anruf. Die Wärmebildkameras hatten Damwild entdeckt. Die Hirsche hatten diese dunkle Nacht gewählt, um den Damen ihres Rudels den Hof zu machen und mit der Brautwerbung zu beginnen. Und das Röhren der Damhirsche hört sich wirklich wie Löwengebrüll an.

Eigentlich dürfen Polizisten ja im Dienst nichts trinken, aber der Beamte erteilte sich eine Ausnahmegenehmigung und trank mit Elfi ein Bier. Lange hatte der Gerstensaft ihm nicht so gut geschmeckt.

Und wie das auf dem platten Land so ist, wusste am nächsten Morgen bereits das ganze Dorf, was in der Nacht um das alte Bauernhaus herum los gewesen war, sodass Elfi das Brötchenholen als Spießrutenlauf erschien.

VORLESEZEIT: ca. 6 Minuten

ERZÄHLIMPULSE: Geräusche in der Nacht, Erlebnisse mit Tieren, Erlebnisse mit der Polizei

Weiße Weihnachten

Das letzte Jahr hatte die Familie Weihnachten in der Karibik verbracht. Palmen am Sandstrand, Sonnenschein und fremde Kultur, das hatten sich die Eltern schon lange gewünscht. Gesa und Malte, die beiden Kinder, waren davon nicht sonderlich begeistert, aber was will man als Kind schon machen, wenn die Eltern sich etwas in den Kopf gesetzt haben. Der Familienhund durfte natürlich nicht mitfahren, sondern musste Weihnachten in einer Hundepension verbringen.

In der großen Hotelhalle in der Karibik hatten die Mitarbeiter Weihnachtskugeln an die Palmen gehängt. Das sah schon merkwürdig aus. Am Heiligen Abend durften die Kinder im Meer baden und Eis essen. Sie waren aber schlecht gelaunt, denn sie wären lieber Schlitten gefahren mit dem Hund als Zugtier.

Einen Weihnachtsmann gab es im Hotel auch, der schwitzte gewaltig in seinem dicken roten Mantel und unter dem weißen Rauschebart. Nein, weihnachtliche Stimmung kam hier nicht auf.

Das war aber ja zum Glück im letzten Jahr gewesen. Für dieses Jahr hatten Gesa und Malte den Eltern das Versprechen abgerungen, Weihnachten zu Hause feiern zu können. Leichtsinnigerweise hatten die Eltern auch Schnee zu Weihnachten versprochen. Inzwischen war schon der 20. Dezember, und draußen waren es zehn Grad – leider zehn Grad plus. Gesa behauptete sogar, schon einen Krokus gesehen zu haben, aber Malte hielt das für Quatsch.

Um die Stimmung etwas aufzubessern, schlugen die Eltern vor, gemeinsam einen Stadtbummel zu machen. Aber dazu hatten die Kinder keine Lust. Das würde ja bestimmt wieder furchtbar langweilig für sie werden. Vater würde unendlich viele Bekannte treffen, mit denen er dann endlos quatschen würde. Mutter ginge bestimmt an keinem Modegeschäft vorbei. Wenn es ganz schlimm käme, würde sie damit beginnen, Blusen und Hosen anzuprobieren oder in einer Parfümerie Lippenstifte in den neuesten Farben zu testen. Nein, Gesa und Malte wollten lieber zu Hause bleiben und die Kassette hören, die sie vom Nikolaus bekommen hatten. Und das durften sie dann auch, allerdings nicht ohne einige Ermahnungen. Nicht die Tür öffnen, wenn jemand käme, den sie nicht kannten, nicht an den Herd gehen und nicht von den Plätzchen naschen, die sie neulich zusammen gebacken hatten. Gesa und Malte versprachen, ganz brav zu sein, und so brachen die Eltern alleine zu einem Stadtbummel auf.

Die Kinder stellten sich die Kassette mit der Geschichte von dem kleinen Gespenst an und knabberten von den Süßigkeiten, die die Mutter ihnen noch hingestellt hatte. Aber bald wurde ihnen langweilig, denn die Erlebnisse des Gespenstes kannten sie schon fast auswendig.

Sie tobten auf dem Sofa herum, und der Hund durfte auch mit ins Wohnzimmer. Und dann fiel ihnen wieder der Schnee ein, von dem sie träumten und den die Eltern ihnen versprochen hatten.

Wer die verrückte Idee hatte, konnte hinterher keiner mehr sagen. Auf jeden Fall fiel Gesa wieder das Styropor ein, das vor Kurzem in dem Paket mit dem neuen Staubsauger gewesen war. Wenn man an diesem Styropor ein wenig rieb, wurden daraus wunderbare kleine Schneeflocken. Das war zwar mühsam, aber es ergab fast echten Schnee. Malte dachte an die Küchenmaschine, die er beim Anrühren des Teigs für die Kekse hatte bedienen dürfen. Wenn man nun das Styropor in diese Maschine gäbe, das müsste doch die Produktion enorm erleichtern. Gedacht, getan. Die Küchenmaschine lieferte in null Komma nichts wunderbar feinen Pulverschnee. Nun konnten sie das Wohnzimmer in eine riesige Schneelandschaft verwandeln. Der Weg vom Fenster zum Sofa wurde die Piste. Der kleine Tisch machte sich gut als Erfrischungsstand, und der Gummibaum wurde mit Hilfe von ganz wenig Klebstoff zu einem Schneebaum. Der Hund war ganz aus dem Häuschen und sprang laut bellend im Schnee herum. Der künstliche Schnee wirbelte überall herum. Das war ja noch viel besser als echter Schnee. Immer mehr Möbel des Wohnzimmers bezogen sie in ihre Gestaltung ein.

Sie mussten sich beeilen, mit allem fertig zu werden, bis die Eltern zurückkamen. Die würden staunen. Ja, und das taten sie dann auch, allerdings waren sie nicht ganz so freudig überrascht, wie die Kinder sich das vorgestellt hatten. Mutter war ganz blass geworden. Sie musste sich am Türrahmen festhalten.

»Mama und Papa, schaut doch mal unsere schöne Schneelandschaft an! Ihr freut euch ja gar nicht, und wir haben uns solche Mühe gegeben!«

Schimpfen konnten die Eltern nicht mit Gesa und Malte, denn sie hatten ja nichts getan, was ausdrücklich verboten worden war. Wer hätte denn auch ahnen können, dass die Kinder auf so eine Idee kamen!

Vater war der Erste, der lachen musste. Und das taten sie dann alle miteinander. Wozu hatten sie schließlich den neuen Staubsauger bekommen?

Sogar im Frühjahr noch, als die Familie den Hausputz machte, fand Mutter unter der Kommode kleine Schneeflocken und dachte noch einmal mit einem Lächeln im Gesicht an dieses Erlebnis.

VORLESEZEIT: ca. 7 Minuten

ERZÄHLIMPULSE: Streiche von Kindern, Weihnachten fern von zu Hause, Wintererlebnisse

Auf die Stirn geschrieben oder: Beruf und Berufung

Ich finde ja, vielen Menschen sieht man ihren Beruf an. Bei Handwerkern kann man ihn oft an den Händen erkennen, die bei Maurern rau und rissig sind und bei Schneidern fein und glatt. Mein persönlicher Hirte hat zarte Hände vom lauwarmen Taufwasser. Das sind schon Unterschiede. Archivare und Bibliothekare erkenne ich auch sieben Meilen gegen den Wind. Woran, kann ich gar nicht mal so genau sagen.

Aber einer Diakonin sieht man den Beruf doch eigentlich nicht an, oder? Dazu gibt es in diesem Beruf viel zu viele unterschiedliche Tätigkeiten. Manchmal habe ich Klebstoffreste vom Basteln an den Fingern, dann wieder von Kuchenteig verschmierte Hände. Es gibt Farbe vom Malen und Knete unter den Fingernägeln. Aber Gespräche mit Menschen hinterlassen ja keine sichtbaren Spuren, außer vielleicht mancher Falte, die sich bildet, wenn man mitleidet oder sich mitfreut.

Dennoch muss man mir meinen Beruf irgendwie ansehen. Scheinbar steht mir auf die Stirn geschrieben, dass ich Diakonin bin. Wildfremde Menschen scheinen in meinem Gesicht etwas davon wahrzunehmen, dass ich zuhöre und tröste, beruhige und entspanne. Wildfremde Taxifahrer erzählen mir völlig unaufgefordert in allen Facetten von ihrer gescheiterten Ehe. Verkäuferinnen klagen mir das Leid einer total zerstrittenen Nachbarschaft und wollen von mir einen Rat für vertrauensbildende Maßnahmen. Kinder, die sich verlaufen haben, fragen garantiert mich, ob ich nicht wisse, wo ihre Mama sei.

Ich ziehe daraus den Schluss, dass mir der große Meister das Geschenk gemacht hat, genau den Beruf zu finden und in ihm zu arbeiten, der zu mir passt. Es ist ein schönes Gefühl, seinen Platz gefunden zu haben und an ihm wirken zu können. Klar, es gibt auch in meinem Dienst manchmal Aufgaben und Termine, die mir nicht so zusagen, aber die gehören wohl überall zum Leben dazu. Dem stehen viele Begegnungen mit einzelnen Menschen und mit Gruppen gegenüber, von denen ich erfüllt nach Hause zu meinem persönlichen Hirten zurückkehre.

VORLESEZEIT: ca. 3 Minuten

ERZÄHLIMPULSE: Berufliche Identifikation, Traumberuf, Zufriedenheit in der eigenen Aufgabe

Hochzeit in der Toskana

Mein persönlicher Hirte und ich haben etwas, was es nach pädagogischen Gesetzmäßigkeiten eigentlich gar nicht gibt. Wir haben nämlich eine Jugendgruppe für über 40-Jährige. Sie wurde 1984 nach der Konfirmation der damals Jugendlichen gegründet und besteht bis heute. Inzwischen gestandene Männer und Frauen kommen in unregelmäßigen Abständen in unser Pfarrhaus, um gemeinsam mit uns zu kochen und zu essen, Freud und Leid des Lebens zu teilen und ein paar schöne Stunden miteinander zu verbringen. Für uns ist das schon längst keine Arbeit mehr, denn so haben wir Gelegenheit zu Kontakt und zu Gesprächen mit Menschen, deren Alltag so ganz anders aussieht als der unsrige. Da ist ein Informatiker, den wir gerne auch mal zwischendurch in Anspruch nehmen, wenn der Computer mal wieder nicht so will wie wir. Da ist ein Rechtsanwalt, den wir um Rat fragen können, wenn es um Gesetze geht. Dem Ingenieur ist nichts zu schwör. Die Krankengymnastin renkt mal schnell unseren Nacken ein. Die Lehrerin für Kinder mit Förderungsbedarf gibt uns Tipps für den Umgang mit Herausforderungen im Konfirmandenunterricht und der Telekommunikationsfachmann kümmert sich um unsere Telefone, wenn diese streiken.

Gerne begleiten uns diese Ü-40-Freunde auch dann, wenn wir mal wieder mit der Gemeinde auf

Tour sind. Als wir noch mit Jugendlichen unterwegs waren, haben sie uns vor der totalen Erschöpfung bewahrt, indem sie mal kurzerhand die Aufsicht über den Flohzirkus übernahmen. Als Dank durften sie sich nach drei Wochen Urlaub mit dem Motorrad und mit nur einem Campingkocher mal wieder so richtig satt essen. Später dann, als wir mit Familien reisten, schlossen sie sich der Gruppe an. Ein Paar unter ihnen hatte den kühnen Plan gefasst, die kirchliche Trauung durch meinen persönlichen Hirten in der Toskana vollziehen zu lassen. In einem alten Wein- und Olivengut sollte das Ja-Wort in besonderem Ambiente erklingen. Den kleinen Sohn, den sie schon hatten, legten sie immer dann, wenn sie die Hände freihaben wollten, in den mit rotem Plüsch bezogenen Gitarrenkasten des Bräutigams.

Mit dem Bräutigam durchstreifte ich die örtlichen Blumengeschäfte, die von Hochzeitssträußen noch nie etwas gehört hatten. Also kauften wir Blumen auf dem Markt, und ich schlich nach dem nötigen Zubehör durch das Gelände und betätigte mich als Floristin. Eine kleine Gruppe übte feierliche Flötenmusik ein, und in der Küche tobte die Vorbereitung für ein besonders festliches Buffet. Die Tische bogen sich unter der Last von Steinpilzen im Tomatenbett, Schweinefilet im Spinatmantel und Tiramisu mit Kirschen. Es war ein rauschendes Fest, an das sich alle Beteiligten noch heute sehr gerne erinnern. Manchem läuft noch jetzt das

Wasser im Mund zusammen bei dem Gedanken an die herrlichen Speisen und den köstlichen Wein.

Inzwischen sind sie auch etwas älter geworden. Wenn sie jetzt kommen, dann bringen sie ihre Kinder mit, die hier langsam in die Gemeinde hineinwachsen. In den Gitarrenkasten passt aber inzwischen keiner mehr.

VORLESEZEIT: ca. 4 Minuten

ERZÄHLIMPULSE: Erinnerungen an Hochzeiten und festliches Essen, Kontakte zu jüngeren Menschen, Umgang mit anderen Berufsgruppen

Eignungsfeststellungsverfahren

In meinem ersten Leben war ich Erzieherin, was bis dahin mein Traumberuf war. Aus diesem Traum wurde ich aber durch das Praktikum gerissen, das sich an die Ausbildung als Erzieherin zwingend anschloss, denn während meines Praktikums in einem kirchlichen Kindergarten hat mich die Kirche wachgeküsst. – Und nun wollte ich Diakonin werden, koste es, was es wolle. So bewarb ich mich in einer Ausbildungsstätte für Religionspädagogik. Dort hatte man aber alles andere als auf mich gewartet, denn zusammen mit mir hatten sich für 20 Plätze ganze 250 Bewerber gemeldet. Ich hatte Glück, denn ich gehörte immerhin zu den 50, die zu einer Bewerberwoche eingeladen wurden, die den ermutigenden Namen »Eignungsfeststellungsverfahren« hatte. Dummerweise begann diese Woche des Eignungsfeststellungsverfahrens an meinem Geburtstag, den ich deshalb so gar nicht feierlich begehen konnte, denn ich hatte vor allem damit zu tun, mich in einem möglichst guten Licht zu zeigen.

Mit mir waren viele Männer und Frauen dort, die ich mit wachsender Skepsis beäugte. Einige waren unsagbar fromm und wollten nur zu gerne wissen, was der liebe Gott mit ihnen noch so vorhatte.

Andere sangen in jeder Pause herrlich fromme Gotteslieder zur Gitarre. Die Dozenten saßen mit uns am Mittagstisch, schauten wie zufällig auf unsere Tischmanieren und lauschten unseren Gesprächen, bis es uns nicht mehr schmeckte.

Wir durften Filme sehen und uns anschließend über die Inhalte austauschen. Wir erhielten Texte, zu denen wir Stellung nehmen mussten, oder hatten Stegreifspiele zu Bürgerinitiativen mit dem Begehr von mehr Abenteuerspielplätzen zu gestalten. Besonders spannend war es, wenn man auf dem Notizblock eines Dozenten auf einmal den eigenen Namen lesen konnte, ohne zu wissen, was das denn nun schon wieder zu bedeuten hatte. Gegen Ende der Prüfungszeit waren wir uns nicht mehr so ganz sicher, ob es nicht unter der Decke der Räume installierte Kameras gäbe, die unser Treiben auch in Abwesenheit der Lehrkräfte dokumentierten. Wir waren also kurz vor einem stressbedingten Kollaps. Jeden Abend sangen wir in der Complet »Brüder und Schwestern, seid nüchtern und wachet«, obwohl wir so gerne mal ein Bier getrunken hätten. Wir waren aber unsicher, ob das diakonisch genug gewesen wäre.

Am Ende der Woche war es Freitag, wie das am Ende jeder Woche eben so ist. Es gab Fisch, und eher lustlos stocherte ich in meinem Essen herum, denn ich war mehr an dem Ergebnis des Eignungsfeststellungsverfahrens als an dem Fisch interessiert. Halleluja – ich gehörte zu den 20 Auserwählten, die dort ab dem nächsten Semester studieren durften. Es begannen drei spannende Jahre mit viel Erkenntnisgewinn, mit guten und bis heute haltenden Freundschaften, aber manchmal auch mit der Frage, was ich mir denn da angetan hatte. Gruppendynamische Sitzungen mit Problembesprechungen, die meinem bislang noch kleinen und von gravierenden Prüfungen verschonten Herzen eine arge Herausforderung waren, wechselten sich mit der geografischen Lage der biblischen Orte ab. Musik war eine besondere Herausforderung, denn im Dirigieren erwies ich mich als völlig talentfrei, sodass ich in diesen Unterrichtsstunden schon mal zum Kaffeeholen abkommandiert wurde. Meine Bewegungen zur Chorleitung sahen eher aus, als wollte ich einen überdimensionalen Pullover stricken.

Alles in allem war es dennoch eine gute Zeit. Manche der Inhalte und Methoden konnte ich allerdings erst im Rückblick als wertvoll und hilfreich erkennen. Vielleicht ist das meiner damaligen Jugend geschuldet, denn mit meinen 22 Jahren war ich das Klassenküken.

Unseren damaligen Studienleiter habe ich viele Jahre nach der Ausbildung wiedergesehen. Er war inzwischen leider an Demenz erkrankt und dadurch sehr hinfällig geworden. Unsere letzte Begegnung im Innenhof meines Oberkirchenrates war allerdings ein großes Geschenk. Seine Frau, die ihn liebevoll begleitete, konnte ihn zu einem Spaziergang mit dem Rollstuhl überreden. Zufällig sind wir einander dort vor meinem Büro begegnet. Obwohl – Zufälle gibt es gar nicht. Das sind nur Ereignisse, bei denen der liebe Gott nicht persönlich unterschreiben will.

Bei dieser Begegnung hat mich mein ehemaliger Dozent auf geheimnisvolle Weise doch irgendwie erkannt und mich nach meinem beruflichen Weg gefragt. Ich konnte ihm noch einmal danken für alles, was er mich gelehrt hatte, und ihm erzählen, wie sehr mir all das jetzt zugutekommt. Ein Strahlen ging über sein Gesicht. Zum Abschied hat er mir zugewunken und gesagt: »Und wenn mal was ist, Sie wissen ja, wo ich bin!« Er war in seinem Wesen so sehr der um seine Schüler bemühte Lehrer, dass auch die Demenz dem nichts anhaben konnte.

Können Sie verstehen, dass mich das zu Tränen gerührt hat? Bestimmt. Für mich war das ein wahrhaft beglückendes Erlebnis. Er ist inzwischen auf der anderen Seite der Zeit. Von dort aus wird er sicherlich hin und wieder auf seine ehemalige Schülerin schauen und für mich beim Chef ein gutes Wort einlegen. Da bin ich sicher.

VORLESEZEIT: ca. 7 Minuten

ERZÄHLIMPULSE: Bewerbungen und Auswahlverfahren, Erinnerungen an die Ausbildung und den Weg in den Beruf, Wiedersehen mit ehemaligen Lehrern